图书在版编目（CIP）数据

中国历史简明读本/陈天璇著

北京：新华出版社，2015.1

ISBN 978－7－5166－1477－8

Ⅰ.①中…　Ⅱ.①陈…　Ⅲ.①中国历史—通俗读物　Ⅳ.①K209

中国版本图书馆 CIP 数据核字（2015）第 013794 号

中国历史简明读本

作　　者：陈天璇	
出 版 人：张百新	封面设计：马文丽
责任编辑：张　谦	责任印制：廖成华

出版发行：新华出版社

地　　址：北京石景山区京原路 8 号　　　　邮　　编：100040

网　　址：http：//www.xinhuapub.com　http：//press.xinhuanet.com

经　　销：新华书店

购书热线：010－63077122　　　　中国新闻书店购书热线：010－63072012

照　　排：新华出版社照排中心

印　　刷：北京新魏印刷厂

成品尺寸：170mm×240mm

印　　张：15.5	字　　数：200 千字
版　　次：2015 年 9 月第一版	印　　次：2015 年 9 月第一次印刷

书　　号：ISBN 978-7-5166-1477-8

定　　价：36.00 元

图书如有印装问题，请与出版社联系调换：010－63077101

目　录

中国历史简明读本

代序：中国历史的轨迹

—— 历史曾这样走过来

一、一乱一治话循环

久合必分，久分必合。这是中国历史的传统讲法。因此，长期以来，中国这个地方就是：一乱一治，轮流交替。而且，罗贯中写《三国演义》就是这样开头。仿佛这是天经地义的事。乱，是民不聊生，叛乱四起；治，是天降圣人，助贤称帝。或说，君权神授。意思就是，这皇帝是上天特别派下来的。无论如何，他若是能统一天下，姑且不谈后继的人，他必然是一位出类拔萃的强者。

可是，有了天下，就要巩固。于是，设法集权中央，甚至集权于一身，都是过去各朝统治者的做法。周朝分封宗族，目的是设保护伞。后来各朝皇帝，相信自己族人，不信别姓臣子，也是出于同一心理。皇帝只应自家人当，宁愿父子兄弟相互残杀。但是，皇权最终是独占的，所以，各人千方百计，都是为此巧取豪夺。最后，非我莫属。

从理论上讲，君有天下，名义上皇帝拥有全部的土地，同时由他去管理境内万民。但实际上，他都假手于人，就找人做丞相，代他去日理万机。同样，因他拥有每块土地，也要找人去耕耘。于是，有见识的皇帝，就通过科举制度去找人，并把土地分给农民耕作。这样，文有出路，劳有收成。大家都有好处。如果出现这种情况，互惠互利，国泰民安，这叫做"治"。

如果皇帝懒惰，甚至昏庸，国事任人胡为，天下就会出现种种滥权暴政。又或皇帝本身荒淫无度，外戚、骄将、宦官乘机弄权，社会秩序就被打乱。官职或送或买；土地被霸被抢。杂税徭役，贪污横行。朝内，廉正者被排挤；民间，善良者受压迫。情况一旦扩大，又无办法补救，接着就是，民无生计，到处造反，就开始"乱"。

中国人说，祸不单行。除了内乱，还有外侵，如果加上天灾，就更加不可收拾。通常问题会发生在几个方面：一是外族举兵入侵，带来劫杀淫掠；二是土地集中在少数人之手，农民沦为耕奴，或者到处流亡，或者聚为流寇。随后，总是旧王朝被拖垮，新王朝在动乱中形成。于是，旧去新来，改朝换代，又开始另一次的一乱一治，惯称"循环"。

二、土地问题实是关键

中国以农立国，人民赖耕谋活。在原始公社制时代，土地全是公有，大家公耕而食。然后由公有变私有，人开始有私产，包括奴隶在内。土地自此有了归属。问题也就由此派生。在上古史时代，君王拥有最多的土地，赐予诸侯，但是，一般平民也有。只有奴隶是唯一的任人使役的阶层。这算是正常的现象。然后，出现兼并。少数人有土地，多数人没土地。问题恶化，动乱遂起。

中国人自商代起，就认为王有天下。从理论上来讲，土地全是他的。不过，他把他的所有土地分给人民来耕。最初用的方法叫做"井田"制度。就是把一大块土地划成九份，中央一块叫做"公田"，周围八块叫做"私田"；私田分给八个家庭。他们除了自耕私田，还需合力共耕公田。公田收成归公所有；私田收成才是私产。继而天子将之分封皇亲国戚，或者他身边的那些有功之臣，土地的归属便催生了中层的次地主。遇上英明君主，情况仍可控制。到了昏君权臣上场，合法归属变成强夺。或以加税迫农割让，或以强势巧取豪夺。次地主变成大地主；小地主沦为奴隶农。两极分化，贫富悬殊，绝大多数人民无以谋生，许多铤而走险，社会开始动荡不安。

许多朝代末期发生的动乱都是农民起来造反。原因不外是人民没有出路。最基本的生活无法维持下去。土地被人占了，收成一无所有。又或是人祸加上天灾，于是大批农民流亡。倘若有人带头登高一呼，造反的队伍便闻风而聚。所谓"苍天已死，黄天当立"，也就是号召大家另推贤主从头再来的明显实例。仿佛谁都可当皇帝，最要紧的是再分土地。中国历朝许多动乱，都以平均土地作为号召。

在农业为主的社会，耕地无疑就是家当，也是人民赖以生活的资源。在中国历史中，一个朝代崩溃，另一个朝代建立，即使依然有个皇帝高高在上，总会在土地问题上作出改善，有人说这是安抚，或称皇帝在让步。然后，至少专政继续，好坏从头再来。这就是过去农民造反的结果，所谓阶级局限。直至工人取代农民，共和制取代帝制，才开始讲到民主，才选择谁来当家。

三、选贤任能多弯路

得天下易，管天下难。这是中国人过去的讲法。根据传说，一场大乱之后，有人脱颖而出，独得天下，做了皇帝。于是，遂有谋士上前自荐，说将如何助他统治。

对于这番好意，皇帝反问："我江山打下了，还要你来教么？"谋士这样回驳他："王马上得天下，能够马下治吗？"意思是说，能带兵打仗是一回事，坐朝管理又是另一回事。不管这话是否有理，遂成文人求职口实。

中国从古代起，贵族才可入学。所以，长期以来，学识是属于统治阶层的东西，是贵族赖以继续权力的专利。周朝实行宗法制度，贵族逐级相延下降。五代之后，变为庶民。于是，渐渐许多贵族流落民间，包括孔子，怀才不遇，亦即大家无官可做，这就出现了士的阶层。所以到了春秋战国时代，放眼殿堂，又或豪门，尽是这些文人四处求职。孔子周游列国，找不着投靠处，最后自办学堂，鼓吹有教无类，就是知识专利从贵族转而公开传授平民的起点。其他纷纷效尤，收徒立说，著书传授，史称"百家争鸣"。

战国流行养士，布衣可以拜相。读书人毕竟有出路，但是用与不用，仍取决于权贵。不过，士开始能与贵族争官做。这情形相持几百年，豪门后代，依然显赫。两晋期间，贵族制定"门阀"制度，规定朝中高官厚禄，一律不用士庶出任。所谓"上品无寒门，下品无贵族"，意思是说，用人担政，只问出身，不问才能，无疑是一种倒退。两晋先后灭亡。之后，五胡乱华，贵族南迁，那些豪门望族，自此颠沛流离。一如唐代诗人名句："旧时王谢堂前燕，飞入寻常百姓家"。贵族子弟都变庶民了。

士的兴起终于取代传统贵族，从此在统治阶层站稳席位。隋唐开始科举制度，每三四年举行一次考试，皇帝选贤任能，文人赖此晋升。全国取仕，首榜状元。这是旧时读书人梦寐以求的终生出路。这种制度历朝沿袭直到清末。当然它实施时亦有不少的流弊。有人借此贪污敛财，譬如，考试时用金钱来行贿。这是一种现象。又或有人恃权包揽羽翼，因而树党立派左右朝纲。这是另一种现象。故此，中国后期各朝派性严重，也并非无因。此外，考试内容、录取标准，都有问题。纯粹以文章来取士，实在无法判断其德。所以，升官发财者多，清官廉洁者少。这是历代文人所留下的诟病。报国忠臣虽有，乱臣奸党更多。到了明代，改制用八股文应试，更加变成文字游戏。考题与甄选，答案与能力，可以毫不相关，可以脱离实际。于是，士的素质更加参差不齐。何况，更严重更普遍的就是，一入官场，营私角逐。所以，越到后来，士与商人地主勾结，士的阶层势力扩大。

四、皇权天授成过去

一旦提到统治问题，总离不开要讲权力。

古时候，强者发号，能者多劳。这是人的原始公社制时代。他们逐渐成为公认的首领。有了特权，就有更好的待遇。再扩大，就是王。先是公推，继而世袭。中国由传说的禅让，过渡到夏朝家天下。一切变成私产，包括战俘奴隶。这种尊荣享受，其实谁都冀望。于是，在位者设法长期拥有，在野者伺机择日接替。彼此挖空心思，都希望最有权。依赖武力是方法之一，当然另有其他的法门。

人类害怕鬼神，普天下都如是。于是，人因自身能力不足，便设法向鬼神靠拢。智者借鬼神来助阵，令其他人相信，他与神有特殊关系。先是巫，可沟通；继是王，可祭祀。后来统治者声称他是上天之子，他代表神来到大地，做起了人的统治者。这就是说，除了他的本身，背后还有一大靠山。那是神，亦是天。秦始皇统一了天下，第一件事是到泰山顶去祭神。其实借题公告天下，他是天的儿子。所以，自此中国人的皇帝都叫"天子"。

汉的朝臣更进一步，为皇帝添了更多神话。除了他是天的代表，还提出了其他根据，所谓"君权神授，五德始终"。即皇帝是上天授权统治万民的，同时，因汉属土德，秦曾是水德，所以，汉能取代秦，是土克制水，说完全是顺乎天理循环。不过这种讲法后来被钻空子。黄巾反汉，曾称木德，取其土能生木，不过却失败了。另外，还有"天命"之说。其实也离不开"君权神授"。据说，皇帝有德有权，无德就应失权。于是，自此改朝换代也都有了口实。被打倒的，总是无德；抢到了位的，都属有德。

其实，都是士的阶层作怪。中国人说，神是他创，鬼亦他创。都不过是出卖才能，在朝谋取一个职位。最终，为王效劳，任王差遣。最初，士入朝，自称臣，呼万岁，能赐座。渐渐要跪、叩头，还可以站。最后，贬叫奴才，长跪。士的尊严到清朝，简直降至猪狗不如。不过为谋朝中一官半职，总要变出别的可用花样。其中，有人回乡发展地方势力，不是造反，却助皇帝，这就开始了另一番局面。曾国藩借外力打败太平天国；李鸿章凭外交协助清朝续命。为己为公？功抑或过，尚未定论。

归根结底，最大的权力依然在人民。

唐在宗早就对儿子训示："水能载舟，亦能覆舟。"水，是百姓；舟，是皇帝。他其实讲的是，得民者则昌，失民者则亡。在封建专制的时代，农民往往起来造反，屡次推翻腐朽皇朝。然后，又让新的皇帝登基，寄望新的日子变好。不知失望了多少次。同是这个道理，一旦更加清楚，它产生的作用更大。于是，人民的造反变成了革命，王朝垮了，共和建立。人对人的统治有了新的政制。领袖叫做总统；权力不再是天赋了，他是人民选出来的。虽然产生的过程仍然有争议，但是比较起过去已跨了大步。人们最终发现，团结起来就是力量，可以一起拥护某人上台，亦可一起合力把他推翻。这种制度叫做民主，从此人民当家做主。至少，在我们这个时代，这是一个理想。

五、人的问题是平等

另外，应该指出，历史是研究人。中国人对历史的观念很强烈。传统上留下了著名的廿五史。由司马迁开始的"史记"到记录最后一个王朝的"清史稿"，史册浩繁，名家辈出。但都只是以着笔帝王将相为主。也有通史，例如司马光的"资治通鉴"，全都以治问题为本，供历代统治者借鉴。应该知道，尽管如此丰富，其对象可不是百姓。

但是，无论哪一个国家，无论是过去或现在，平民百姓是大多数。在人类历史长河中，他们都被他人所统治，受他人所驱使，在有限的空间挣扎；在劳动中终其一生。这就是我们大多数，也是被遗忘的多数。但是由一个家庭到一个国家，每一个人，虽是个体，却是实际而基本的组成分子。而且，大家作为人生活在世上，首要的追求是如何生存。先有生命，才有其他。

生存有各种各样的形式。古往今来都在不断改变。总的来说，人在进步，今胜过昔。当然，在不同的历史时期，总有些人希冀复古。古时有孔子；近代有张勋。说穿了不外是悲叹往日某种好处消逝，盼望时光能够倒流，又回到过去的绚烂。其实，这些慨叹背后，不外某类特权，基本的分别是谁人有抑或谁人无。曾有的想复得，没有的希望有。我有你无，又或我无你有，都会带来矛盾。

同时，时代环境不同，人的拥有，也在变化。过去，主要是土地。以中国历史为例，君王曾是最大的地主。然后，由他分封赐赠，就出现了次地主。皇亲国戚，巧取豪夺，农民最终无以为生。于是一次又一次造反，情况逐步获得改善。直到工业时代来临，人民由农转工，遂开另一种局面。但这世界上依然是，有人可以坐享其成，有人始终贫无立锥。有这样的现象，就必存在冲突，也必需要解决。

所以有个别人提出个别方法。主要就是怎样解决这类矛盾。可以分为两个方面：一是人类如何才算平等；二是应该采取什么方法。譬如，劳心者与劳力者的分工；行共产或行资本的制度。物竞天择，适者生存，这是一种理论；按劳分配，同工同酬，又是另外一种理论。现代人的自由，无疑增添了问题的复杂性。

谁该听谁？如何取舍？将仍是未来的抉择。

第1章：基数次序（上古史）

一、五千年长，上古占半

上古史总是讲起源。

譬如，民族起源、国家起源、文化起源。

中国人的上古史应该由何时开始，我们不必在此多作探究，就留给考古学家研究吧。

我们只要略知一二，就可以了。

中国人喜欢说，自己有五千年历史。那么，就以五千年为开端。然后，将它一分为二，各两千五百年。前一半是神话传说较多，后一半有史实文字记载。这样区分虽然笼统，却概括简单，而又不脱离实际。

其实，中国上古史的年代分期，专家有繁杂的理论依据。但是，我不打算在这里分别提及。我们普通人要知道的是曾发生了什么。即使粗枝大叶，也简单明了。

所以，我只希望大家记住，在这五千年历史中，中国上古史大约占一半，就大约是两千五百年吧。

若有谁要探究，去查书，答案也非一种。

二、发展次序，记住基数

我们就姑且这样推算，上古史约占两千五百年，是中国历史全长的一半。在这两千五百年中，中国人有了自己的民族，同时有了自身的神话。

开天辟地，聚河而居。由氏族社会发展到称王称霸；由草绳纪事发展到文字文明。如世界上其他国家一样，历经了原始社会和奴隶社会……

历史是如何进展的呢？

答案就是："基数次序"。

基数，作为一个概念，是一系列数字。亦即"一、三、五、七、九……"；也同是它的次序。

记住，中国"上古史"就是这样发展。

真是简单容易，听我细说。

三、一三五七，尽言变化

你就需要依次记住：

"一"是"一个祖先"。他曾领导着"一个民族"，聚居在"一条河边"，建立了"一个文化"。"三"是"三个朝代"。中国人自称在他们最古老的文明中有"三个朝代"，也就是"夏、商、周"。夏朝，作为一个国家，已经有了雏形；商朝，留有文字记录，历史开始可信；周朝，小国林立，具有封建的体制。

"五"是"五个霸主"。他们相继出现于东周时的"春秋时代"，左右着中国历史发展的轨迹。

"七"是"七国争雄"。这时中国人已经进入中国"上古史"的最后期；东周灭亡，干戈四起，史称"战国时代"。这"七雄"是"齐、楚、燕、韩、赵、魏、秦"。

最后，"秦"胜出，统一天下。"秦"国自此变为"秦朝"；"秦"王自此称作"始皇"。于是，中国有了第一个正式皇帝，亦从此开始了它的"帝制史"。

四、九流十家，先秦哲学

"基数"有"九"。

"九"是"九流"。

"九流"在中国"上古史"非常重要；亦可以说"九流"在中国人的整体历史上产生过不同影响。

因"九流"是指中国古代的"九类思想流派"。这"九类思想流派"的形成，基本上发生于东周时的"春秋"、"战国"两个特殊历史阶段。它们的具体年代是公元前775年至公元前221年，共约550年。

思想家也就是哲学家。他们这一批人包括了人所熟知的老子、孔子，还有墨子、韩非子、公孙龙等人。

所谓"九流"，其实就是道家、墨家、儒家、法家、阴阳家、名家、农家、纵横家、杂家等九个在当时出现的思想流派。

毋庸置疑，他们的思想学说共同地或多或少地影响着中国历史的发展。而在不同时期，个别某家某流，会压倒性地占据着领导地位，从而使历史朝着一个方向走。

其实，中国古代思想流派本身是一个大题目。而且，在过往传统所开列的"九流"中，并没有把如今世界闻名的"兵家"包括在里面。《孙子兵法》中外流传，各国译本越来越多。由此可见，历史曾有许多遗漏。

或者，换一句话，历史存有许多偏袒。

然而，从"基数"概念的数目出发，中国"上古史"的发展次序结束。只是，"九流"的思想跨越时代界限。代有传人，代有变化，它们继续在不同程度上影响着中国文化的兴衰。但"基数次序"的作用是进程提示。所以到此为止。少而简单，就是特色。希望从今以后你能记住：中国人的"上古史"是"一、三、五、七、九"。

五、扼要内容，分章补述

当然，中国人的"上古史"还有许多其他的内容。但是，若从发展进程来说，最主要的变化是：

"一"是一个神话。它围绕着一个传说、一个祖先、一个民族、一条河流、发生在一块土地上。

"三"是三个朝代。它们先后叫"夏、商、周"。

"五"是五个霸主。它们的相继崛起标志着独裁专制政治的萌芽出现。这段时期史称"春秋"。

"七"是七国争雄。顾名思义，是七个强大的"封"国在东周的疆域上，互起干戈，角逐争雄，史称"战国"。它同时是"霸道"战胜了"王道"的历史抉择。

"九"是九流十家。这是中国古代思想家的总称。他们最蓬勃最活跃的时期是从"春秋"到"战国"。周游列国，找寻买主。其中法家为秦王所赏识，因而统一天下。

这就是中国上古史。

以下逐一详加补述。

第2章 起源

一、一个盘古，开天辟地

中国人也有一个开天辟地的神话。但不是讲全能的上帝。中国人说，天地间出现的第一个人名字叫做盘古。他不像一个神，只是一个人。

他在黑暗混沌之中出生。伸手向上一推，上面就变成天；双脚站了起来，下面就变成了地。然后日渐生长，天地相距越来越大。他这样坚持着，不知道经过了多少万年，天地终于成形。他呼的气成风；他吐的沫成雨；声音变雷，眨眼化电。高兴时晴；生气时雾。最后，他终于死去。他的头化成山脉；眼睛变成日月。毛发是草木；脂膏变湖海。他身体的其他部分，化做世间万物和人。

这个创世神话的特色是：人自己开辟了天地，人创造人，又创造了万物，人不知道宇宙之间有没有神。

这个神话还有另外一层意义，就是盘古的死留给我们这个世界和人类，亦是他对人间所做的牺牲和奉献。

因此，有人认为，中国人只习惯去拜祭他们的祖先，皆因他们没有也不认识有个全能的神。即使是他们神话中的创世者盘古，最后的结局也是要死的！他同样只可为后世纪念。同样道理，中国人对宗教态度含糊。他们把最大的神叫做"天"。但是这个"天"也只像家长一样，所以他们的皇帝自拟为"天子"。天上地下，一脉相承。依然离不开子孙的关系；"天"虽是神亦同时是祖先。

此外，值得一提的是中国人古代信奉的三大宗教之中，道教土生土长，但没有单一神；佛教，当然有佛祖，却是外来的。至于所谓"孔"

教，严格地讲不算宗教，因为孔子生前从不信神，把他奉为神是无稽之谈。

二、一个祖先，叫做黄帝

陕西省黄陵县桥山轩辕庙内的黄帝石雕像。　　安克仁摄

除了上述那个创世神话，中国人有一个共同的祖先，他叫黄帝。实际上，是传说中最强的一个部落领袖。

当年，他与族人生活在黄河边。相当于今日河南省一带。西有炎帝一族，南有蚩尤一族，都企图向他居住的土地发展过来。黄帝为了阻止蚩尤及他所率的九黎族北上，先与炎帝联合，一起打败蚩尤，史称"涿鹿之战"。

据说，这场战争打得十分激烈。蚩尤本身是个勇武之人，加上他有10个善战的儿子，所以是支劲旅。黄帝运用天时地利，又智慧地发明了指南车，在大雾弥漫的山河大地，神出鬼没，逐一把他们全部消灭了。

指南车是中国古代的大发明，但把它归功于黄帝未必可信。随后黄炎二人争雄，黄帝最后胜出，史称"阪泉之战"。他们的后裔便彼此为邻，相互通婚，他们的子孙同称"黄炎世胄"，并把九黎族归于一统，统呼"黎民"，亦即百姓。

这也就是中国人"炎黄子孙"的起源。

黄帝之后，又有承传。在古代传说中，合称"三皇五帝"。至于谁是"三皇"谁是"五帝"在中国古代史中有几种说法。最初出现的"三皇"是天皇、地皇和人皇。后来改为：燧火氏、神农氏、伏羲氏。显然，他们都是有创建的古代智者。另外，黄帝、颛顼、帝喾、唐尧、虞舜，合称"五帝"。他们充其量都只是古代部落领袖。

三、一条大河，就是黄河

黄河壶口气势磅礴的"桃花汛"瀑布群。　　　　　　　　　　　张保华摄

中国人最初发展在一条大河的两岸。

这条大河，叫做黄河。发源于西藏高原北面的一处盆地，先向北，再转南，咆哮而东，然后蜿蜒出海，流入浩瀚的太平洋。这条大河全长五千多公里，流经现时中国北部九个省区。它的中下游一带，是古中国的中原。

因为可追溯的中国人祖先聚居在黄河中下游，即今日河南省一带。生

宁夏沙坡头黄河大拐弯处。   刘泉龙摄

息繁衍，创造文明。因此一般意见认为，黄河流域曾是中国古代文化的摇篮和发祥地。

黄河的源头在哪里？

过去一直是个谜。唐代诗人李白曾经写过"黄河之水天上来"的诗句，表达过人们对它那气势雄伟的赞美和希冀探索的心愿。时至20世纪，总算找出答案。原来它开始于青藏高原星宿海以西约古宗列盆地一道涓涓细流。冰山雪水，汇聚而下。谁又会想到，当它流过青海草原，向北穿越河套之后，就改变面貌。黄河自此突然转弯，急转南下，从高原峡谷中，带着滚滚泥沙，一路汹涌澎湃，剧烈地冲向东南下游。因而有时决堤改道，经常导致泛滥成灾。所以，这条孕育着中国文化的大河，在千百年历史中，又变成经常肆虐的水患。即使今时今日，如何处理黄河河水的疏道仍是个大问题。

黄河之南，另有长江。它比黄河长，流经更多省。由西蜿蜒向东，注入太平洋。从今日中国地理位置看，它把中国大地横切为二。但在古代，尤其在上古史阶段，那里尚属蛮荒。长江以南，在黄帝的传说时代，曾是九黎族的故乡；到春秋战国时期，才变成楚国土地。然而，即使是楚国，在先秦的那些日子，仍不算是中原之地。

因此，孕育中国文化的大河是黄河。

四、一块土地，取名中国

中国位于亚洲，幅员十分辽阔。

它北有蒙古戈壁大沙漠及西伯利亚的大森林；西北是连绵起伏的万里黄沙；西南是世界最高最险峻的青藏高原；东面则是浩瀚无际的太平洋。这些都是自然屏障。因此，中国人曾长期认为他们的国土位于世界的中央。所以，才把其国家叫"中国"，其地域称"中原"；大概是在建立夏朝以后，又开始称"华夏"，再演变为"中华"，自以为是文化最高的一个先进的民族。

与此同时，又习惯地把其四方外族视做蛮人，分别贬称：东夷、南蛮、西戎、北狄。当然时至今日，这些观念早已被打破了。中国人也终于开始接受，中国是一个由众多民族所组成的国家，包括了汉、满、蒙、回、藏等 56 个民族。人口总数几乎达到世界的 1/4。

有人认为，若从地理环境来分析其文化，由于中国境内有取之不尽的资源，在经济上自给自足，因而在过去，造成了旧时中国人的那一种自足感、排外感以及自以为是的文化优越感。是耶？非耶？仍有争论。

从地理范围看，中国人在 2000 多年前已在其北方筑起了世界奇观万里长城，不是抵挡大漠风沙，而是防御外族入侵。这样子守了 1000 年。然后，蒙古人在塞外崛起，终于进入中原成了主人，带动了民族间的大融合。又过了 300 年，满族人进来了。中国人的组成再次发生了变化。与此同时，中国人的版图亦在不断扩大。即使是常被有些人质疑的关于台湾和西藏这两地的主权归属，也可以追溯到最迟于明朝初期及清朝初期已被划入中国国境之内。明朝距今有 700 年；清朝距今有 400 年。而且在那个时候，有些今日的世界强国还未出现。

五、一支文化，龙是象征

荆州太晖殿内的盘龙柱。　于澄建摄

近些年来，中国人爱说他们是龙的传人。意思是说，既喜欢龙，又崇拜龙。中国是龙之乡。

中国人认为，龙是一种神物。头如马、角如鹿、眼如虾、颈如蛇、腹如蜃、鳞如鱼、爪如鹰、掌如虎、耳如牛。这亦是古代传说中的"龙有九似"。

根据学者考究，龙是部落图腾。最初其形状可能只似蛇，继而才加进了其他特征，遂变成龙。其实是一种异体。这是因为最先的部落吞并了其他别的部落。后来中国人的皇帝比喻自己是龙，可能出于龙的形态威猛，同时可以上天可以入海，遂认为那是尊贵与王者的象征。爱穿龙衣；自命龙种。从此，龙的一切逐次高升，直至代表无上权威。渐渐地，中国人索性把自己称做龙的后裔；中国人的文化，亦称龙的文化。中国人的整体，都叫"龙的传人"。

其实，天下从来没有龙。它只是一种象征，也可视为"神"的形化。中国人有"天人合一"这种讲法，又把皇帝冠以"真龙天子"呼号。姑且算是佐证。

有关龙的比喻，在中国文献中，很早已经出现。包括圣人孔子，也曾以"龙"来比喻人。司马迁的《史记》记载，孔子曾问礼于老子，回去后对他弟子说："鸟，我知道它能飞；鱼，我知道它能游；兽，我知道它能跑。会跑的可以用网罩住；会游的可以用线去钓；会飞的可以用箭去射。

至于龙，我就无法了解了，它是乘风而上天的。我今天所见到的老子，他大概就好像一条龙！"

所以，龙的意象起源，一定比这更早。只是，在无数的笔墨交战之中，众说纷纭，莫衷一是。但亦有人指出，所谓"龙的传人"，只是"牵强附会"。他们强调，中国人民从来不崇拜龙，而龙，不过是皇帝的自拟化身。

另外，东方的龙和西方的龙有极大的不同。前者比喻高贵、善良；后者视为凶恶、残暴。

第3章：三代（上篇）

一、神话传说，曾有禅让

三代前有神话与传说留下来。除了开天辟地的那一个盘古，还有"女娲补天"的传说，显然是对母系社会时期曾经成功地克服重大自然灾害的一次歌颂。随后还有一些美化山川的传说与神话，可以理解，都是刻画他们祖先们在新旧石器时代的文明衍变和奋斗。

传说之中都说远古曾有"三皇""五帝"。比较流行的讲法是，"三皇"就是天皇、地皇、人皇。很明显地，这只是人们对自然及祖先的崇拜。其后，"三皇"又进一步有了名字，叫"燧火氏"、"神农氏"及"伏羲氏"。

顾名思义，前二者是纪念曾发明用火及农耕的智者。至于"伏羲氏"则指认他始创"八卦"和刻树纪历。

所谓"五帝"，虽说有好几种排名，但全来自"黄帝"一族。这亦间接证明，中国人都是"黄炎"二帝繁衍之后。"五帝"最通用的排名是："黄帝、颛顼、帝喾、唐尧、虞舜"。据说，黄帝，姓姬，名叫轩辕。他战胜蚩尤后，开始"黄帝王朝"。颛顼，相传是黄帝的孙子，帝喾是他曾孙。唐尧，亦是黄帝后裔，他是姬挚的弟弟。

相传唐尧之兄姬挚，荒淫无度，是中国第一个暴君。后来人民起来把他杀了，把王位传给他弟弟唐尧。史书所以习惯称他唐尧，因他曾是唐部落的酋长。在他执政期间让有才能的人创制"太阴历法"，计算出一年有365日及其差数，确立闰月制度，促进农业的耕种与收成。

他不但打破了承袭制度，并开始了王位的禅让制。他到年老时，把位传给虞舜。虞舜本姓姚，出身很寒微，却以孝顺德行为时人所称颂。唐尧把他两个女儿娥皇与女英一起嫁给了他。虞舜统治时期，天下常有水患。虞舜命夏禹去治水。夏禹广疏河道，终于把水治好。虞舜效法唐尧，把王位传给夏禹。这种无私做法，史书称"禅让"。

然而，应该记住，这些传说是后人撰写的。

二、启建夏朝，开始世袭

中国最早的有根据的朝代是"夏、商、周"，史书上称"三代"，合计近2000年。一般认为，三代从公元前2070年起至公元前256年止。或说，夏朝约400年，商朝约600年，周朝约800年。当然，较早部分只是推算。

中国最早的第一个朝代公推夏朝。

夏朝由启建立。启是禹的儿子。前面已经说过，夏禹获虞舜禅让而统治天下。他在位时，权力大增。一次他曾故意到"涂山"去狩猎，并且下令其他部落首领到那里去聚会，有迟到或不到的，均先后被罚或被杀。可见相当专横。他年老时，本来依照惯例，亦要把位禅让。"四岳"（部落联盟的诸首领）决议推荐伯益。但夏禹生前没有让伯益担当任何职务。与此同时，其子启则身居要职，掌握朝纲。因此，夏禹死后，启接了位。于是伯益带头反对。据说伯益本来打败了启，把启关起。但是启逃走了，后来又率众把伯益打败，最后把伯益杀死了。其他部落起来反对，有扈氏及东夷氏。不过，都先后被启打败。然后，启索性修筑了城墙，组织军队，建起监狱。还把战俘收做奴隶，行私有制，制订刑罚，夏朝就这样开始了。从历史的角度来说，这是中国由公有制转入私有制的开始。

夏启为庆功，常有乐舞。其母有音乐的天分，曾作《九韶》。

此外，相传启有5个儿子。他们都为继位争吵。其中最小的一个叫武观，公开作乱。启派大将率军前往把他打败并杀了他。然后遂决定把王位传给长嫡。

于是，王位世袭自此确定。中国以后历朝，基本采用此制。父传子，弟继兄，把持着"家天下"。

三、太康失国，少康中兴

启死之后，太康继位。太康是启的长子，终日花天酒地，只知享乐，少理朝政。对民怨沸腾，视若无睹。他喜欢狩猎，经常在外不归。有一次他带着全家去远地狩猎时，都城被人攻占，只好四处流亡。

攻占都城的人，来自东夷族。他名叫后羿，以神射著名。相传，另外有神话把他渲染得神乎其神，甚至说他曾经射下天上9个太阳，解决了当时长期干旱的天灾，又曾射杀几种害人猛兽，因此曾一度得到人民拥护。后来，他骄傲了，变得暴戾了。只顾狩猎，不管国事。就添了一段哀艳感人的神话，说他那美丽的妻子嫦娥也放弃他，偷食灵药，飞到月宫，宁愿陪伴一只白兔孤单过日。

但历史的传说，却是另有故事。后羿坐了几年王位，把朝事交给亲信打理，自己终日旅行狩猎。他的亲信买人把他暗杀了，登上王位，并夺其妻。这人名叫寒浞。

寒浞在位30多年，过尽奢华生活。他曾经派人追杀太康后裔。太康之孙名相，就是这样死的。相之妻怀孕，却侥幸逃脱。生子少康，长大复国。

据说这段历史前后有40年，称"无王之世"或称"少康中兴"。

所谓"无王"，是不把后羿及寒浞时的统治当做夏王；所谓"中兴"，是夸大少康的出生及成长复国的意义。

其实，少康不以政绩传世。据说，他喜欢酒。因此，他改良酒。而且，他以酿酒流名千古。中国人后世盛行的"杜康酒"则自古相传是由他开始的。

四、桀王残暴，终被推翻

少康之后几名夏王，都以征战享乐留名。其中少康孙，名字叫槐，登位三年，竟能臣服九夷。他把夏朝的疆土扩大，并且广设"圆土"，加强监狱制度。由此可见，征战带来俘虏，俘虏充当奴隶，监狱有助看管。

随后几代夏王，继续穷兵黩武。

不降在位期间，因其长子孔甲不肖，又传位给次子扃。扃死其子廑继。廑死后因无子，由其叔孔甲接。所以，这位因德行欠佳而未被传位的夏朝长嫡遂登上王位。

据传孔甲本性浪荡，除了荒淫无度，特别喜欢养龙。好方术，惑人民。在位残暴长达30年，部落首领纷纷造反。自他以后，朝纲更劣。夏朝由盛转衰，逐渐走向衰亡。

第16任夏王名发。他在位的第7年，泰山曾有大地震，这可能是世界史上最早的一次地震记录。

夏朝最后一位君主叫桀。他被评为暴君。据传夏桀才智过人，喜好淫乐。而且生性残忍，毫不体恤人民。时值旱灾，土地龟裂，收成大减，百姓困苦。他还大兴土木，建造琼楼宫室。同时用肉堆山，以酒注池，日夜召人陪庆，酣歌舞乐。大臣劝谏，全被处死。又因他有宠妃妹喜，爱听裂帛，便命人送布匹进宫，任她撕戏。奢华浪费，不可终日。人民恨透了他，编了民歌咒他："天呀，你赶快死吧，我愿与你同归于尽！"

商部落的首领名叫汤，遂联合其他部落造反。他与桀对垒，决战于鸣条（今山西省运城一带）。桀败而逃，退至南巢（今安徽省巢县）。商汤率众穷追，桀最后自焚而死。

五、夏墟古迹，尚待发掘

夏朝的都城共8处。先后迁都9次。

夏朝由夏禹开始计，安邑原是它的都城。安邑位于今日的山西省夏县。夏禹在位时，为避虞舜后裔，曾经一度迁都阳城。阳城位于今日的河南省登封。及后迁回安邑。

今人在河南省登封发现有王城岗，是一古代城址，被认为是"夏墟"。详细考古工作仍待日后进行。

夏朝在太康时迁往斟寻，即今日的河南省寻县一带。后来其子孙在流亡之中，曾经易都两次，一在帝丘，今河南省濮阳；另在斟灌，今河南省清丰。中兴之后，曾迁往原，今河南省济源。后又改迁老丘（今河南省开封），继而迁往西河（今河南省安阳），最后迁回斟寻。

古书传说，禹把全国划分"九州"。计为：冀州、兖州、青州、荆州、扬州、梁州、雍州、豫州、徐州，以后历朝沿用。此外，按照管理能力，疆域分为"五服"。以都城安邑为中心，500里内，称为"甸服"，由夏王直接去治理。1000里内，称为"侯服"，由部落首领去治理，首领向夏王进贡。1500里内，称为"绥服"，求天保佑平

河南省偃师县二里头夏墟遗址，发掘出土大量陶器，展现出二里头时期陶器文化的发展史，从一个侧面反映出夏商文化的同一性和传承关系。图为有方雷纹的敛口罐。　　朱广智摄

安；2000 里内，称为"要服"，彼此尚未接触；更远以外，称为"荒服"，因荒山野蛮，威信仍不达。

夏朝历 19 王，长达 400 多年。有 17 王是夏禹及其后裔；另有二王属来自异族异姓。其中，子继父位有 13 人；弟继兄位亦有两人。另外一位，是叔侄关系。

他们的名字及次序如下：1 禹，本姓姒、2 启、3 太康、4 仲康、5 相、6 后羿、7 寒浞、8 少康、9 予、10 槐、11 芒、12 泄、13 不降、14 扃、15 廑，又名胤甲、16 孔甲、17 皋、18 发、19 桀。桀最后为商汤所灭。

中国人最权威的古史书是汉时司马迁的《史记》，对上述夏朝诸王曾全开列。不过就是没有统治年份。

第4章：三代（中篇）

一、造反有理，君权神授

商汤打败夏桀，于是商朝开始。

无论如何，这是一次以下犯上的兴兵作乱的行为；与此同时，也是一次诸侯代君的篡朝自立的举动。因此，不管是自我的自圆其说，抑或是后人的为其解释，都需要有合理的辩白，才足以成为后世典范。

尚书中有篇"汤誓"，就是这样的文献。

桀王既然无道，汤集诸侯造反。汤在誓师之前，曾这样对众人讲："不是我本人想作乱，而是上天命令我的。但桀实在有罪，我又不敢抗天，就不得不这样做了。"他接着说："你们都要助我，否则违背天命，都会受罚。"

于是商汤灭夏，商汤代夏，都是上天意旨。

这也是后来"君权神授"的依据。中国历朝历代的交替取代，无论什么方式的篡位登基，都从此说成了是上天的意思。

商汤造反，不但有理，而且合理。以后的人，借题发挥，道理更多。商汤这位古人，遂成王者典范。

说他贤明的故事就陆续出现。其中，最为人乐道的就是有关他的"网开三面"。据传，有一猎人在设网捕禽时对神祷告："上天下地的，全都进网来。"商汤上前劝他："你怎能忍心！你听我的。想向左的请去，想向右的随便，想飞就飞，想钻就钻，我只要捕捉那些不听话的专门闯网者。"商汤宽宏大量，所以深得人心。

这显然还不够。于是再添奇迹。

商汤统治时逢干旱，因迷信要人祭求雨。据说，因为商汤不忍杀人，决意以身作则。在那一天，商汤举火设坛，先削发及指甲作献，继而祷告，求神赐雨。待他正要投身火中，电闪雷鸣，雨倾盆下。商汤自然也就不必死了。从此，商代对人祭及向鬼神请示的意识更浓，商代甲骨文的出土更加证明这一事实。人祭人殉亦是商朝最大特色，堪称空前绝后，中国奴隶社会的高峰在商朝。

二、为保江山，刑狱残酷

只靠宣传商汤之贤，是不能保住后代江山的。所以，商朝有非常严酷的刑罚和监狱。刑称"汤刑"，分为五种，即：一、墨脸，二、削鼻，三、断肢，四、阉刑，五、斩首。并在全国遍设监狱，但却没有成文法律。

与此同时，商朝沿袭夏朝用于王位承继的世袭制，就是，父死子继，兄终弟及。所不同的是，商朝的大前半段，以兄终弟及为主。但是未必轮及每一个弟，然后又由长兄之子继位。自康丁以后，亦即最后五世，才终确立传子。

不过，尽管如此，商朝王位的传袭也并非井然有序。古书有载，由仲丁至阳甲，连续发生争夺王位斗争，史称"九王之乱"。主要是由于曾决定取消传嫡，因而诸兄弟间的排次产生纠纷。是故，王室内部矛盾重重，连累人民经济生活。例如，都城为此几度搬迁，反映了政治的动荡。根据能找到的记录，商朝600多年统治，先后曾经迁都6次。汤建朝时，是在亳邑。至第十王接位，才开始迁往嚣；后继者迁相邑；继续者再迁庇。据说在庇传了三王。然后至祖丁在位时，因曾出现过日食，竟导致人心惶惶，南庚接位遂迁往奄。又据现代天文学家计算，该次日食应发生在公元前1328年10月18日；中国史家认为那是祖丁统治时候，并可能是世界最早有关日食记录。总之在这期间，或因政治，或因天灾，或因迷信，连换了5处京都。从王位更迭次数看，亦刚巧是传了9世。

19

至第19王盘庚时，黄河经常发生泛滥，加上贵族奢华腐化，为摆脱这双重祸害，遂又决定迁都至殷。

三、盘庚迁都，商殷开始

这是出土于河南安阳殷墟的"甲骨文"
（商代）　　　　　　（2007年12月6日摄）

盘庚迁都往殷，是商史的大事。

据说当时朝野都在反对，盘庚又哄又迫才终成行。主要原因有二：一方面是殷那地方荒芜；另一方面是一切要从头起。盘庚留下文献三篇，记载了这方面的情况。不过，搬迁以后虽苦，却是带来朝气。民安而又国治。上下发愤图强。这在商朝的历史上，被誉为是中兴阶段。自此随后的11王都没有再次迁徙，相继以殷为都历时长达250多年。因此，商朝又叫殷朝，原因也在此。

现时史家所以认为商朝历史可信，是因为在河南省的安阳发现殷墟。这个古代的城墟，曾于1928年时被开掘。内中除了发现宫殿陵墓，还出土了大量遗迹遗物，尤其有一万多件商人祭祀问卜用的甲骨文，成为今时学者研究商史的依据。而且，借此引证了商代诸王的名字。

汉时司马迁所著的史记，内列商朝31王名单，不过他并没有开出年份，所以部分史家对此存疑。自从甲骨文的发现，又经过专家们考究，商朝历史才确定了。

　　商朝历时600多年，传17代，共30王。他们的在位先后排次是：1汤（即"太乙"）、2外丙、3仲壬、4太甲、5沃丁、6太康、7小甲、8雍己、9太戊、10仲丁、11外壬、12河亶甲、13祖乙、14祖辛、15沃甲、16祖丁、17南庚、18阳甲、19盘庚、20小辛、21小乙、22武丁、23祖庚、24祖甲、25禀辛、26康丁、27武乙、28文丁、29帝乙、30帝辛（即"纣"）。共30王。另有一说，共31王，是把"太丁"收入。太丁是汤长子，早死，故传次子外丙。强调有太丁，是表现传嫡。

四、武丁有妇，能征善战

　　盘庚之后，值得一提，是第22任商王武丁。

出土于河南安阳妇好墓的青铜壶盖，再现了商朝晚期的社会风采。　　刘建华摄

武丁本是第 18 任商王阳甲长子。但是，由于废嫡而更立诸弟，因此被送到民间生活。直到第 21 任商王小乙死后才又轮到他。武丁登位，重用人才，甚至用奴隶傅说为相。内修政事，外扬武功，使商朝达到极盛高峰。

武丁的配偶名字叫妇好，是位能征善战的人才。她曾带兵攻打羌夷等族，降服 41 国，调兵 13000 名。今人曾于 1976 年在殷墟发现一墓，内中有殉葬武器达 120 件。后来又证实，就是她的墓。因为在出土遗物中有一青铜器皿，上刻铭文以甲骨文称颂她的生前战绩。

甲骨文是商代在祭祀时，刻在龟甲上的卜辞文字。商人尊天事鬼，凡事求神问卜。有问有答，刻上兽骨。常用龟甲之外，还用牛骨鹿骨。迄今发现的甲骨字，约有 3500 多个，能辨认的接近一半。据专家研究称，甲骨文基本上已是象形文字。也已有会意字和形声字。这和以后周朝的文字也很接近，可以说汉字是从它发展而来的。

商朝出土的遗物中，以青铜器皿最具特色。据说青铜在夏朝已出现，但到商朝获得高度发展。青铜器制的种类很多，其中有兵器和礼器等。尤其是鼎，最为著名。已出土的有一司母戊大方鼎。重 875 公斤，通耳高 133 厘米，长 110 厘米，宽 78 厘米，形状雄伟，技艺高超，是晚期商王文丁为祭祀其母而制。

商朝还有各种陶器。灰陶、红陶、白陶、黑陶……商朝已有麻及丝织。同时，基本沿用夏朝的太阴历。

1939 年在殷墟出土的司母戊大方鼎是迄今世界范围内出土的最大、最重的青铜器。　王颂摄

五、人祭人殉，奴隶遭殃

在距殷墟宫殿宗庙区西约 3000 米处，发掘出的商代晚期五乘车马坑，以及双面刃青铜短剑。
朱祥摄

商朝最恐怖的是采用人祭人殉。

在殷墟的陵墓之中，发现大量殉葬骸骨。男男女女，有头无头。还有牲畜，尤其是马。这是统治者把人及畜作陪葬品的社会现象，亦证实商朝是中国历史上奴隶制的高峰期。奴隶大部分来自战俘，为王室贵族所拥有。家奴杂役也常被充当人祭人殉。征伐前后，举行人祭来祭祀祖先神灵。贵族死亡，都有殉葬，以一批生人当侍卫去陪死者。在殷墟已发掘的一个墓中，可以找到 225 个陪葬的骸骨。有男有女，有跪有蹲。另外从甲骨文的记载中可以统计到，只武丁一朝，人祭的卜辞共达 1006 条，曾用了 9021 人作祭。

　　商朝的最后一个王叫纣。他亦是古代著名的暴君。除了生活荒淫无度，尤其喜欢穷兵黩武。他特别宠一妃名叫妲己，在朝歌建宫殿纵情作乐，挂肉满树，灌酒入池，召千人陪乐共饮，或男女赤裸嬉戏，夜以继日，朝野痛恨。其兄与叔前往劝谏，妲己从旁教唆，或炮烙或剖心惨死。成语"助纣为虐"就是出自这段故事。又传纣王曾多次放虎入闹市，纯粹为观看百姓如何受惊和逃跑。

　　最后，由周部落所率领的联合队伍起来造反，向纣王在朝歌所建的那一处宫殿进军。纣王由于先前曾派了大军去远征，只好在忙乱中集合数万奴隶充数，亲自上阵，战于牧野。岂料这支临时军队阵前倒戈。纣王狼狈地逃回朝歌，败如山倒，大势已去，当晚与妲妃双双自杀。

　　商朝也就这样结束了。

　　它的历史大部分可信。

第 5 章：三代（下篇）

一、武王立周，封藩建卫

周朝是上古时期第三个朝代，也是中国历史上最长的朝代。先后共传34王，历时长达800多年。

周朝史分前后。前称西周，后称东周。分界线是由于迁都。西周时都城设在镐京（今陕西长安）；东周时都城设在洛邑（今河南洛阳）。因为从地理位置看，镐京在西，洛邑在东。故此，史家惯分西周、东周。

周朝，是由武王建立，灭纣后才开始。

不过武王之父姬昌，史称文王，生前曾费力打基础。最为人乐道的故事就是文王会姜太公。姜太公是姜尚。他在河畔钓鱼，文王兵至而不动。王感觉奇怪，停下查询。见姜垂钓无钩，遂上前再三询问。交谈之下，认为是能人。于是用为军师，不断征战扩地。据传，其时三分天下有二。商王为之大震，遂将文王囚禁。后经说项，才获放还。

之后，文王死，武王继。几度联合诸侯，卒将商朝推翻。武王原叫姬发，祖先原本叫弃。曾于舜时协助大禹治水，又任农官，后来才赐姓姬。世代居邰（今陕西栒邑）。根据同一传说，弃下传14世然后是武王。

武王灭商之后，回到镐京登位，才开始了周朝。

又"王"，从此改称"天子"。他取号为周武王。尊父为周文王。与此同时，他为了巩固周朝天下，把亲属和功臣分封各地。而且授命他们建诸侯国。此外，诸侯可将自己封国内的土地分封给属下的卿大夫，作为"采邑"；卿大夫亦可将部分采邑分给属下，作为"食地"。这就是西周开国时的大分封，史称"封藩建卫"。它是在土地王有的前提之下，利用宗法血

25

缘纽带，严格规定隶属关系，务使各方诸侯奉天子为共主。最终目的就是，封建亲戚，以藩护周。各诸侯国均以周的模式层层分封管辖。

武王建周第三年，天下未宁，政权待定，却已劳累染病死。遗长子成王年幼接位，托弟周公旦摄理政事。

二、澄清流言，订宗法制

王幼无知，叔父掌权。难免就出现种种流言，散布周公姬旦要篡位。尤其统治阶层，更是沸沸扬扬。

武王还在世时为要殷民归顺，对纣之子武庚采取怀柔政策。他决定要以殷治殷，容许武庚续管治殷。但派他的三个弟弟前去监国。武王死后，众弟意欲谋位，武庚亦想复国，联合作乱。矛头同指周公，声言要清君侧。

周公力抗谣言，亲自率师东征。

经过三年努力，终于铲平叛乱。

然后周公又秉承武王遗训，继续制作一套典章制度。例如，采用国野分治政策。"国"即城市，近郊周围，住着周族成员，通称"国人"，包括士农工商。各有定所，不相混淆。至于"野"，是外围。居者全是被征服的其他氏族部落以及夏商两代后裔，通称"野人"。全都沦为奴隶，任由贵族及周族的成员差遣，从而形成两大阶级。

另外，为要澄清有关他的流言，以及确保嫡子承继世袭，周公立下了完全不问个人好坏的王权传位制度，史称宗法制度。条文极为复杂。简而言之，就是强调嫡长子为国王或爵位唯一合法继承人。无论嫡长子是贤与不肖，白痴或疯子都如此。其余所有儿子，包括嫡出次子在内，一律无权问津。嫡长子死亡后，由嫡长子的嫡长子承继。倘若是嫡长子无子，才由嫡出次子接位。总之，必须按照母亲的身份和出生先后，将所有儿子划分为嫡、庶、长、次。妻生的大儿子是嫡长子，其余是嫡次子。妾生的大儿子称庶长子，其余是庶次子。周公这一传袭制度，史称亲属等差递减。不但为历朝所接受，对后世影响亦极深远。

周公摄政七年，然后还政成王。

他的制度所为，受到儒家推崇。

三、厉王劣政，国人暴动

同时，周朝把夏及商朝以来实行的农业井田制度发展得更完备。井田制度在土地国有的前提下推行。一般是采用一大块可耕地，分为相等大小的九方块，中间一块定为公田，由周围的八块拥有者去共同耕种，年终收成，全归国有。其他八块，由八家拥有者各自耕种，所得也是各自私有。但是，公田是首先的作业。另外八块，虽谓私田，其实亦属诸侯或百官的。一般庶民，几乎如同奴隶，只是实际耕种者。他们在名义上有权，可是在实质上无权。

到厉王统治时，发生了一场暴动，史称国人暴动，也与土地有关。起因是厉王出于贪婪，把山林川泽也归为国家专利，不准小贵族及庶民去打猎捕鱼。这种措施使劳动阶层失去额外的生活收益，便群起反对。厉王施加压力，采取恐怖手段对付敢言者，遂引发了暴动。

结果，在镐京的国人冲进皇宫吓走厉王。在厉王外逃的时候，公推两名贵族执政。史称共和，长达14年。

"共和元年"的开始被列入"确切纪年"的首项。中国自此起，亦即公元前841年，日期皆可追溯。

其实还是要归功于司马迁的"史记"。因为他在那部书内，根据孔子修的"春秋"及左丘明著的"左传"，编写成了"十二诸侯年表"。表内，首列"共和元年"。所以，自是年起，年年可考，中国历史有了准确年代。

也许应该指出，周朝诸侯设有史官，职责本就记事。但并不是凡事都载，又或年份只记王号。即使"春秋"，也不过是上起鲁国隐公元年，即公元前722年，下讫鲁国哀公第14年，即公元前481年。而且内中语多隐晦。如当做历史看，作用实在有限。同时没上溯至共和元年。另外"左传"，虽是补充了事件，却又欠缺了连贯。

四、烽火游戏，一笑倾国

西周最后的一个王是幽。幽王导致西周灭亡，完全因为耽于嬉戏。史家认为，幽王因为宠妃褒姒不笑，采佞臣的建议，发烽火戏诸侯，终于引得褒姒笑逐颜开。点燃烽火，本来是意味着周王遇难急召诸侯来救的生死信号。烽火点燃后，诸侯们带兵来援，一路奔波，只争朝夕。原来不过是为了要博后宫的一名女子一笑。当他解释了真相，将士都不开心。后来真正出了急事，诸侯便不再当真了。

幽王又是因为宠爱褒姒，废了原来的皇后及嫡出太子，不但改封了褒姒为新皇后，并立她所生的儿子为太子。这当然是违反周朝宗法制度。同时引发了一场问罪战争。原因就是，旧皇后的父亲申侯，向外族的部落借兵，一直攻到镐京，杀死幽王及褒姒所生的太子，并掳走了褒姒。到周室财富被抢一空，这些外族才离去。而且，危难发生时，各国诸侯都不曾来援。当这一次动乱平静下来，王室又出现了继位纠纷。一方面是，由申侯带头拥立原嫡长太子接位，是为平王；另一方面是，有一批贵族另举幽王的另一儿子继任，是为携王。这段两王闹剧，竟持续了10年。最后，以携王被晋文侯所杀而告终。

同时，由于外族入扰及王室的内斗，镐京几经兵劫，遂残破不堪，于是，就有迁都之议。然后，在公元前770年，平王在西部众诸侯国的军队（包括晋、郑、卫、秦四个大国）护送之下，大举东迁洛邑，遂开始了东周。也因为是这样，东周局处一隅，占地仅600里。随着西陲秦国开始强大，众诸侯国互相兼并，平王这个共主更加无奈。

五、平王东迁，共主失势

平王在位 51 年，周室威望一落千丈。总之，平王一切有关天下的决策，均受到各大诸侯国的左右。

与此同时，兼并频频。相传，在西周时，大小封国多达 1800 个。到春秋时，已被兼并为 100 多个了。中原地域，逐渐以晋、郑、宋、齐、鲁、卫等国为大；诸侯混战，秩序大乱。周朝王室，仅能以宗法制度继续维持着尊严；诸侯之间，开始以会盟的方式试探着称霸。在随后的 300 年中，在诸侯间有五霸的迭起，史称"春秋时期"。

而且在社会上，涌现出了士的阶层。"士"是知识分子，先辈原是贵族。这是因为周朝宗法制度规定，小宗传五世后便尽降为平民。加上众多封国的灭亡，增添了大量失爵的子弟。他们失去贵族特权，但却拥有文化学识。于是，个个各以所长，四处另谋官位，或者投靠有权势者。这种由"士"阶层逐渐带起的四处求职的社会现象，史称"百花齐放，百家争鸣"，遂塑造出中国哲学界的雏形。

"春秋"之后进入"战国"。

那个时候，东周仍在。不过，周朝天子对各国的制约作用已经消失殆尽。"晋"国已被属下的大夫三分国土，变成了"韩、魏、赵"三个大国了。另加上"秦、楚、燕、齐"，史称"战国七雄"，继续争雄角逐。但是，这时候他们的目的已不只是称霸，而实际是要取代天子了。

由此可见，东周存在 500 多年，而事实上形同虚设。前 300 年是"春秋时期"；后 200 年是"战国时期"。最后"秦"在西崛起，公元前 256 年，东周为秦国所灭。周朝合计 811 年，前后一共传了 34 王。

其后，秦又逐个消灭其他六国，秦朝开始。

第 6 章　五霸（上篇）

一、春秋五霸，两种排名

春秋五霸是指东周初期五个最杰出的诸侯领袖。在那长达 300 年的春秋时代，他们均先后被公认为霸主。

"春秋"这个词，来自"鲁国编年"。

据说，因为孔子曾修删过它，并把那个历史阶段定名"春秋"，于是，以后史家便都这样称呼。

其实，"春"和"秋"原是分开的两个不同含义的季节。"春"，是指一年四季开始的第一季，亦即阴历正月至三月；秋，是指一年四季之中的第三季，亦即阴历七月至九月。因后来人们习惯了将它们连在一起使用，变为表示一年四季岁月光阴的一种俗称。到东周时，鲁国史官在编写鲁国史书时，便将书名定为"春秋"。后来孔子依据鲁国史官这本史书材料，进行加工，编删增补，就成为中国古典十三经之中的"春秋"。书中编年，从鲁国隐公元年（即公元前 722 年）开始，至鲁哀公十四年（即公元前 481 年）止，合计编入事件 242 年。孔子于公元前 479 年死去，那是此书编年所载之后两年。

不过，"春秋"作为一个历史时期，实际上指东周开始以后周室王朝权力衰退期的第一阶段，为了时间的确切和真实，于是史家又把它作了适当的年份调整。所以，"春秋时期"是从周平王元年（即公元前 770 年）东周迁都以后开始，至周敬王四十四年（即公元前 476 年）止，共计 294 年。那是因为"史记"以周元王元年（即公元前 475 年）开始"战国时期"，现时史家多采用这一分期。

那时，一方面是周室王朝由于东迁，本身所统辖的土地和人民因而大大地减少；另一方面是由于各诸侯国发生大小吞并，逐渐出现几个强大的诸侯国。相对之下，周室王朝也就变成了空架子，以至完全失去了它的控制力。

而新兴的诸侯大国，先后取得霸主地位，而实际上，等于接替周室王朝起到了那段时期共主的作用。

又由于在那个阶段这样的侯国领袖曾先后出现过五个，所以才被称为"春秋五霸"。他们是谁？说法有二：一是齐桓公、宋襄公、晋文公、楚庄王、秦穆公；另一说是齐桓公、晋文公、秦穆公、吴王阖闾、越王勾践。

二、齐国桓公，尊王攘夷

齐桓公是春秋时期代周发号施令的第一个霸主。

他是齐国国君，公元前685年至前643年在位。他以管仲为相，除了整顿行政组织，同时实行军政合一。国力渐至富强。对外，他最著名的策略是"尊王攘夷"。即以尊崇周室天子做口号，借共主名义征伐背叛者。

首先他向周王朝贺，获派处理宋国内乱。于是，他遂借天子的名义，在北杏召诸侯会盟。这是春秋时的创举。但依约来的并不多。接着他以违抗王命为由，带兵征伐不参加的鲁国。此仗鲁国大败，只好割地求和。齐桓公事后又退回了这些地。这种做法使他名声大振。适值燕国遭到北方山戎进扰，向齐求援，齐桓公再召集诸侯亲自往救。不但把山戎驱逐出中原，还使邻近许多小国归附。过了几年，楚国伐郑，向齐求救。齐桓公率各诸侯军伐楚。据说兵至召陵之地，楚国派使臣来议和。齐桓公为显其当时威力，举行联军阅兵，阵形极其庞大。他问："凭这攻楚，谁胜？"但是，楚国使者不亢不卑，答道："楚国城垣如方城山，城外护河深如汉水，你兵多也无用。"双方终于决定言和，就在召陵缔结盟约，史称"召陵会盟"。这次齐桓公虽没能压服楚国，郑国之危却解了，楚国亦放弃北上。

随后周室曾发生王位继承之争，周惠王欲废原太子，齐桓公却出面力保，后因他率诸侯来朝见太子作罢。惠王死后，太子登位。为了报答齐桓公的支持，特别派使者送王室祭肉。这是破格，表示恩惠。齐桓公以接待为名，特于公元前651年在蔡丘召会诸侯，八国参加，盛况空前。这使其春秋霸主之位得到确定；也是他的霸业高峰。

他在位达43年，曾召集和主持大小盟会22次，以盟约加强诸侯国协作，以尊王维护宗法秩序。

齐桓公年老时因信佞臣竟被饿死。其五子各树朋党争位起干戈，无人办丧。搁床长达两月，尸虫爬出门窗。一代霸主死后如此凄凉，亦预兆了齐国终将失去霸主地位。

三、宋国襄公，仁义丧师

宋襄公在齐桓公死后曾试图称霸，但昙花一现。

他是宋国国君，公元前650年至前637年在位。他曾因为协助齐国太子在齐桓公死后取得王位，自以为比齐国更强，便决意争霸主地位。于是，他仿齐桓公当年的做法，先召集几个小国来开会。若是谁缺席，便发兵打杀。总算在小侯国中建起了权威。但是当时的大侯国南面有楚。他遂找到郑国去拜会楚国的一个机会，以代替周天子出兵惩罚郑国作为借口，于公元前638年大举发兵，与前来救郑的楚军相遇。楚宋战于泓水，宋军大败归国。此仗亦同时结束了他的称霸梦；所以有些史家不把他列入五霸。

史载，当时宋襄公面对强大的楚军，他竟一再强调他的仁义理论，先礼后兵；就是因不打没有摆好阵势的敌军为理由，屡失良机。当时，有以下的一段描述：

这时宋襄公已在岸边摆好了阵势，楚军却是渡河而来，大军仍在水中忙乱。宋国将军提出乘机剿之，宋襄公不同意。等楚军渡过河还正在列阵时，宋将军又提出乘敌军立足未稳时攻之，宋襄公还是不同意。直等到楚军列阵毕，宋襄公才下令出击。岂料，楚军在战鼓声中因背水而战，猛勇异常。结果宋军大败，宋襄公受箭伤。

据说，他退回宋国后解释，仁义之师，理应如此。又说，他宁愿这样被打败，也不愿为取胜而行不仁之为。翌年，宋襄公因伤死。春秋泓水之战，遂成千古笑谈。

四、晋国文公，城濮之战

其后，能真正成为一代霸主的是晋文公。他是晋国国君，公元前636年至前628年在位。他奖罚分明，改革军制；并把全军分上、中、下三军。各军设有将佐二人，并定中军将位最高，称为"元帅"，名由此定。

他亦曾以尊王攘夷之举，协助平定周室一场内乱。先是因迎接周襄王复位，而建立了他的政治威信。然而，最终奠定他霸主地位的是晋楚争雄那场城濮之战。

在该役中，晋国以战车700辆，迎战楚国所率领的包括有陈、蔡两国在内的多达1400辆战车的庞大联军，但他采取"退避三舍"策略，因而诱敌穷追了90里，然后，分兵合围，逐一击破。因大胜楚军，遂威震中原。

这场"退避三舍"的城濮之战有一段旧事。晋文公，名重耳。在他还是晋国太子之时，落难逃亡楚国，受到楚王厚待。一次楚王问他："若一日贵为晋君时，将会如何谢我？"重耳便答："我回国后，有朝一日晋楚若然不得已而对阵，我就'退避三舍'报答今日之情。"旧时行军打仗，一舍是30里，三舍即90里。公元前636年晋文公登位。公元前634年晋楚两国交兵。晋文公表面上为了实践当年许下的诺言，实行"退避三舍"，其实一方面诱敌深入穷追，另一方面取得诸侯同情。楚将骄横自大，挥军孤入险境。就在城濮那个地方，晋文公展开了反击。据说，他以虎皮蒙上战马，先击楚军最弱一环。楚军以为遇虎，吓得落荒而逃。然后，晋军又以战车拉缠树枝后撤，制造晋兵溃败假象。待楚军主力赶上来急追之际，三面包围，全力夹击。于是，晋军就这样打败庞大楚军，城濮之战，以少胜多，不但古今传颂，亦成春秋一段美谈。

城濮之战之后的第二年，晋文公再请来周天子在晋国河阳举行会盟。诸侯来会，名为召见。而实际上，他是"挟天子以令诸侯"，开始了以后枭雄摄政的先例。

五、楚国庄王，中原问鼎

楚是南方大国，地处长江中游。但是，素被中原国家视为南方蛮夷，指其文化落后，一向不受重视。

不过，楚国除了土地肥沃，附近弱小国家最多，因此，给它造成许多发展条件；到楚庄王时，更养精蓄锐；自言，不鸣则已，一鸣惊人。其后，终于北上，与晋争霸。

纵观春秋 300 年间，楚曾灭掉 40 余国，可以说是春秋时灭国最多的大诸侯。尤其是楚庄王期间，连年征战，国势炽盛，他曾挥师饮马黄河，一度陈兵周室郊外。

相传，当时楚庄王曾派使询问周室九鼎之重。这件事发生在公元前606 年，楚庄王因营救陆、浑两个小国，出兵打败当时入侵中原之戎。至于问鼎，有称王意。

周之九鼎，向来是权威象征。楚庄王此举遂被后世指其意欲取代周室充当共主的地位。自此，问鼎中原，成为成语，意即某人统率军队欲争某家皇朝王位。

公元前 598 年楚庄王借口陈国大夫杀其君，是以下犯上，遂出兵征伐。陈国被打败，成楚国附庸。

公元前 597 年楚庄王再北上攻郑。迫降郑国之后，正欲回程返国，在邲遇上援郑晋军，双方交战，楚打败晋。有人劝楚庄王乘胜追击灭晋。楚庄王答："楚自城濮一战，不敢与晋争锋。这次大胜，已雪前耻。晋楚都是大国，迟早都要讲和。何必为此而多杀人！"遂作罢。

公元前 595 年楚庄王攻打宋国。宋国向晋告急求援，晋内部有权力纠纷，害怕楚军，不敢出兵。晋楚争雄，告一段落。自此各国背晋向楚，大小诸侯纷来归附。

楚终成中原霸主，取代了晋的地位。

第 7 章：五霸（下篇）

一、秦国穆公，三度东进

秦国地处西陲，东进常受晋阻。秦穆公于公元 659 年登上国君之位，奋发图强，与晋结亲，为争霸铺路。

他在晋文公死后抓机会挥军东进。本是欲乘晋国内乱空隙，到中原与其他侯国较量。头两次，均失利。

第一仗是他派大军去袭郑国。半途遇上郑国牛商弦高假扮使者前来犒军。秦兵以为郑国早有预防，便决定放弃攻郑而退军。岂料，在回途中遇上晋军，秦兵不但吃了败仗，甚至连三位正副主帅都被晋军俘虏回晋国。晋王把这件事禀告其母，本欲全杀三人，其母释放他们。这是因为她原是秦国的宗女，不欲晋秦交恶，彼此不和。所以，俗言"秦晋之好"是指秦晋两国结亲，有利娘家。

其实，秦国远途伐郑，本有一段前由。事缘晋文公称霸时，对流亡期间所遭冷遇逐一采取报复。其中一次，是惩罚郑。晋既与秦结亲，便联秦去攻郑。晋从北而下，秦自西进军。郑因南面楚援未至，便遣说客去分化秦。

这位说客指出："秦晋合围，郑国必亡。但是，秦要跨过晋土来镇守占领的邑地是困难的。而且，晋若此次灭郑，下一步便攻秦，因为秦郑都是晋的邻国。所以秦晋联军只是对晋有利。同时然若灭郑，对秦有害无益。"秦穆公被说得与郑缔盟，然后撤兵返回秦国。可是，郑送走秦，与晋结盟。这倒惹怒了秦穆公。于是遂派兵去袭郑。没有想到，被郑国商人骗得退军，反而遭晋兵半途击败。

过了三年，三将再度领军东进，企图要向晋国报复。

两军就在彭衙相遇，大战一场，秦军再次不敌退兵。

于是秦穆公命三将认真练兵，誓雪一败再败。又过一年，秦兵第三次东进时，三将过黄河后烧船。声言今回有进无退，志在必胜，史称"过河焚舟"。果然，几天之内连攻下数城，尽占晋境两官之地，迫使晋军只守不战。这样僵持一段时日，秦军别无他计再进。最后班师返秦。

自此以后，秦穆公乃转而向西发展，灭西戎外族所建大小12国，继而开地千里，秦遂称霸西戎。

秦穆公虽于公元前621年死去，但是，秦国声威并未退减，成为春秋诸侯中一支举足轻重的力量。

二、春秋弭兵，因多内乱

春秋时代中期，出现长期弭兵。亦即，大诸侯国之间立盟相约停战。先有华元之倡；后有向戎之议。

华元、向戎二人都是宋国大夫。在外交上，宋国素来依赖晋国扶持，但常受到南面楚国攻侵，不胜其苦。所以，力主弭兵，主要是寄望晋楚订盟，不要打仗。

第一次弭兵发生在公元前579年，晋楚在宋城外订盟，可是不久之后作废。史称"华元之倡"。那是因为楚国率先背盟，发兵企图征伐郑、卫两国。郑求晋援。晋国与吴缔盟，集中力量同对付楚。楚见形势于其不利，由攻打郑改为拉拢郑，并且答应割地给郑。这的确很有效，郑弃晋投向楚。同时，发兵代楚伐宋。然后，卫国伺机发兵，代晋惩罚郑国。至此中原大乱，弭兵之盟尽失。

第二次弭兵发生在公元前546年，亦是在宋订盟。参加者连晋楚在内共14个国家，结果决定，除齐秦外，其他国家均每年同时向晋楚纳贡。史称"向戎之议"。那时齐秦独善其身，晋楚两国得利，这样相安了十多年。

其实，这其间各国均忙于应付内乱，社会阶级分化。一方面是一些贵族渐次降为平民，另一方面是一些士大夫在朝中兴起。甚至发生取代原来诸侯之事。其中最著名的两个惊人的例子是所谓"三家分晋"以及"田氏代齐"。前者，是韩、赵、魏三姓的士大夫瓜分了晋国原有土地，变成三个国家；后者则是，齐国的国君之位由田姓的士大夫坐了。这些诸侯国中所发生的内部权力变化，无疑为随后而来的战国时代各国互相兼并奏响了前奏曲。

三、阖闾崛起，孙武练兵

吴国太子阖闾于公元前514年，因得孙武及伍子胥之助而登王位。孙武以"兵法"而闻名。一次，阖闾为试验他的兵法，答应将宫中美女120人给他进行训练。经过安排编队之后，孙武宣布训练规则，三令五申，一再讲述。但是宫女们嘻嘻哈哈地不听军令。于是孙武就按照原先颁下的军令要杀两名队长。这两人是吴王爱妃。吴王闻讯，急忙下令别杀。此时孙武回答："将帅在外，王令大可不受。"继而，就真正下令把二妃杀了。然后他再重新换了队长，宫女们马上都严肃起来。进退跪起，全合要求。这样操练了几遍，都能全无差错。操练完毕之后，孙武对吴王说："可以使用了，能赴汤蹈火。"

公元前506年，阖闾以孙武为将，又命伍子胥为副，北上征伐楚国。吴兵先在柏举战役大破楚军，之后又连续五战五胜，11天中行军700里，直捣楚国都郢，迫使楚王远遁。史载，是次吴兵行军之速、战果之大，是春秋时期所仅见。孙武的"孙子兵法"声名遂更加响亮。

自此，吴国的威名在诸侯中获得了显扬，南服越国，北震齐晋。吴王阖闾自东南方崛起，称霸中原。

四、吴越争斗，两代仇怨

十年之后，相信这时孙武已死；又或离开吴国他去。总之，史书上再找不到有关他生平事迹的记载。

这时，吴王阖闾挥兵南下伐越，竟然在此役中被勾践所击败。阖闾本人身受重伤，在归途中因伤去世。他临终时传位夫差，并嘱勿忘为他复仇。于是，夫差练兵三年，把越国打败了。勾践投降后，夫差要勾践到吴国去替他当马夫；并且加以诸般羞辱，三年后放还越国。

越王勾践回国之后，立志要雪此恨。他在吃饭的地方挂了个苦胆，每天饭前必先尝胆；同时，又在睡的地方以薪为褥，一再告诫自己不能苟且安逸。

此外，他又任用范蠡、文种二人协助管理国政。经过十年生养，使越国又重新富强起来。

与此同时，勾践又遣范蠡刻意把物色到的越国美女西施、郑旦献给吴王夫差。伐取大木为吴王建筑姑苏台。助长夫差骄奢淫逸，尽量使他沉迷酒色，怠理国事，耽误朝政。另外，还用诡计破坏吴国耕种。据说，越国假装饥荒，向吴国借口粮。然后，又暗暗把已经煮熟了的种子归还吴国，结果农民耕种无成，颗粒无收。

在外交上，越采取"结齐、亲楚、附晋"的战略，怂恿吴王北上与晋会盟，争取在诸侯中称霸的地位。

公元前482年，夫差终起师北上，与晋会于黄池。耀武扬威，晋不敢迎。双方最后缔盟，吴被推为"主盟"。但不称"王"，只许称"公"。吴势力获承认。

不过，出师之前，吴太子曾阻止夫差北上，并讲了寓言"螳螂捕蝉，黄雀在后"的故事作劝谏。他分析了夫差此去，倾全国力，远涉千里，应防越国身后偷袭。果然，越军乘机出三江入五湖，攻入吴国都城，焚烧了姑苏台。甚至把吴太子掳走。夫差回国之后，被迫与越求和。

公元前475年，越王勾践三度发兵攻打吴都。这次采取了围城战。一直围了两年，终于陷姑苏台。吴王夫差派人到勾践的面前要求免死，但未获许，被迫自杀。

越吞并吴，国力倍增。随即又挥兵北上，遂开始称霸中原。因此，勾践不仅是春秋时代最后的一位霸主，他"卧薪尝胆"的故事，也被后世誉为励志榜样。

五、范蠡辞官，文种伏剑

范蠡、文种是越王勾践复国复仇的两大功臣。但是他们于胜利以后的结局，却成为后世君臣关系的借鉴。

据史家说，范蠡于越王大摆庆功宴后的翌日，便向勾践钱行，辞官归隐。越王当然不肯答应，但范蠡从此失踪了。后来另有史家撰述，说范蠡找到了西施，与她遁入三江五湖，过着如神仙般逍遥的日子。或传，他们隐居到陶山，范蠡化名陶朱公，后来，更凭经商而致富。至于那位西施，因她献身为国，史家誉为"第一美女"。

关于文种，另有下文。范蠡走后，他续做官。据说，他曾收到范蠡留给他的一封密函。内里范蠡提到，凡物盛极而衰，智者要识进退，万万不能超过应有限度，并写上"飞鸟尽，良弓藏；狡兔死，走狗烹"这样一段名句。又说勾践这人，"只可以共患难，不可以共富贵。"最后力劝文种早日弃官保命。文种对此推论，不以为然。后来，因为天下太平，他常闲在家中。一天，勾践上门来询问他过去夸言过的"治国九策"内容。文种答后，勾践便说："你过去只用了三策，就能助我复仇兴邦；你所余下的那六策，不如带去助我父王。"勾践临走之时，赐剑文种自尽。文种至此才后悔没有听信范蠡的话。

这亦是中国历史上伴君如伴虎的著名实例。

第8章：七雄（上篇）

一、卿取代侯，七雄并起

"三家"分"晋"，"战国"开始。

那是在各诸侯国兼并中，大夫以下克上，私门取代公室，最后跻身为诸侯的一例。根据周朝分封制度，晋国原是诸侯大国，晋的大夫拥有采邑。春秋后期，晋国出现了六个强大夫，史称"六卿"，即中行氏、范氏、知氏、韩氏、魏氏、赵氏。他们除了左右国政，同时又相互征伐。晋国公室无法加以阻止，正如周天子难管各诸侯。至公元前458年，六个大夫之中，范氏与中行氏被其他的四个大夫所灭，采邑遭到瓜分。过了三年，知氏恃强，遂再扩大他的采邑所辖范围。先向韩氏索地，继向魏氏索地，因而得户万家，意气更是骄蛮。随后又同样地向赵氏索地。赵氏不允，兵戈对垒。知氏胁韩氏与魏氏同举兵合迫赵氏。在晋阳一地围攻了三年，甚至引水灌城，依然无法攻下。最后，赵氏遣说客暗中联合韩氏与魏氏，以唇亡齿寒的关系齐向知氏反击。结果，知氏被打败，采邑被瓜分。

自此晋国政事转而由这三家大夫把持。晋君反而听命三卿，晋国公室沦为傀儡。甚至于公元前416年，魏氏大夫托言平乱，出兵杀了晋幽公，立其弟为晋烈公。然后，于公元前403年周天子册封这三家的大夫为诸侯。史家把这一段历史事件，评为东周时"战国"的开始。

另外与此同期，还有"田"氏代"齐"。

齐国亦是东周时一大诸侯国。齐国君本姓姜，是姜尚的后裔。齐国就是他在西周时的封地。公元前490年齐景公死后，大夫田乞乘机发动政变，拥齐悼公，自登相位。至公元前481年，田乞的儿子田成子，又学其父发动政变，尽杀齐简公的宗室，他立齐平王做傀儡，实则由田氏续掌政。又再传至曾孙田和，废齐康公自立为君。

就这样，在云云诸侯国中，遂形成了七个诸侯强国，即"韩、赵、魏、齐、楚、燕、秦"，史称"七雄"。

二、群雄竞起，变法图强

有远见的诸侯，千方百计，务求富国强兵。

其中最突出是采取政治变法。即在原来周朝政制下，针对某方面的流弊，各自实施新的措施。

例如，魏国的李悝变法，楚国的吴起变法，秦国的商鞅变法，都分别在各自国家起到显著效果。

李悝变法，主要有三：一是废除贵族世禄特权；制定"食有劳，禄有功"，不得无功受禄。二是平衡国家粮食价格；国家"在丰年以平价购入余粮；在荒年以平价售出仓粮"，因而稳定小农经济。三是鼓励农民精耕细作；按照土地潜力，种不同的壳物，增加了收成和税务。此外，李悝还编写了"法典"，寄望其变法能顺利进行。

吴起在楚国亦受到楚悼公的任用进行变法。吴起先行强令法纪，继而裁汰冗官，又取消了贵族的世禄世袭制。而且把大批旧贵族迁到荒凉地区开拓土地，发展生产。他的变法使楚国很快就强大起来。南平百越，北并陈蔡，东拒三晋，西伐秦土。一时天下震动。不料楚悼公骤死。吴起遂突失靠山，遭到被削权的贵族袭击而被射杀宫中。

与此同时，秦国亦用卫人商鞅进行变法。相传，商鞅曾三次试探地向秦孝公献上变法主张。初以"帝道"（谈无为而治），继以"王道"（述仁义礼治），最后才提"霸道"（倡法家术治）。秦孝公选择后者，开始五项变法：一是取消贵族无功特权；二是制定以军功赏爵位；三是奖励耕种，重农抑商；四是废井田制，买卖土地；五是推行五家连赏连罪，那时，编组基层，互相监督。据说新法推行十年，秦国果然移风易俗；又五年，兵强地广，民勇国富。秦国终于后来居上，跃登七国群雄之首。

三、合纵连横，彼此牵制

在七国争雄的 200 年间，曾出现过种种强峙局面。最显而易见的是，合纵与连横的政策运用，造成彼此间的势力拼斗。一方面是联合抗秦，另一方面是分化破坏。

要了解这两种对立策略的作用和精粹，就必须先明白战国时

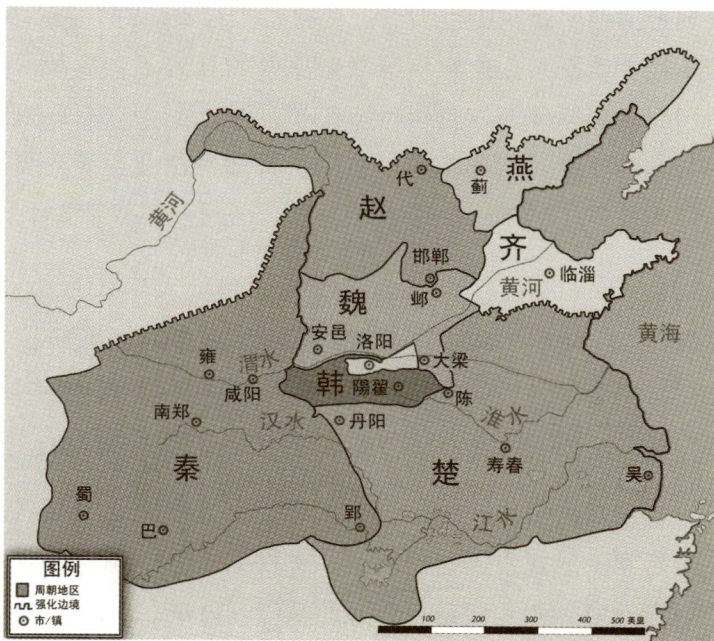

战国七雄

期七雄的地理和布局。简单地说，中国的文化中心在中原地带，亦即黄河与长江两大流域。当时处于这里的国家是韩、赵、魏，亦即旧时晋国。然后，燕在北，楚在南，齐在东，秦在西。由于秦国率先崛起，其他六国如何应对，就是一个迫切课题，遂有合纵之策产生。

所谓合纵，就是六国联盟，共同阻止秦国。其实，从理论上说，就是几个弱国联合起来抵抗强国的兼并。

提出这个主张的人名叫苏秦。他首先从燕国开始，说服燕王支持建

议，派他到赵国去游说。随后又顺利说服了韩、魏、齐、楚。六国于公元前333年召开结盟大会，以苏秦为"合纵之相"。同时各国诸侯一律改而称王。

翌年，苏秦的同学张仪到秦国提出了连横的主意。所谓"连横"，就是以一个大国为中心，利用各国间矛盾而进行逐一兼并。秦王接受了张仪的主张，派他先从魏国开始，逐一破坏六国关系。当魏王犹豫不决时，张仪到楚国贿赂楚国宠臣靳尚，使得楚王与秦修好。随后张仪又说服齐，设计挑拨齐魏交兵。这样六国联盟就开始瓦解了。在楚国与秦国的交往中，楚国大夫屈原屡谏，与靳尚站在对立面，终于被楚王放逐到湘南，最后写下《离骚》投江而死。当地渔民纷纷催舟往救，演变为后世的龙舟竞渡。屈原被尊为中国第一位诗人，作品《离骚》亦被誉为不朽之作。

四、四大公子，养士成风

战国时有形形色色的斗智故事，亦同时有多姿多彩的人物传奇。贵族中出现了四大公子，均爱罗致人才，掀起养士之风。各人门下食客数千，是当时常见的现象。他们就是：齐国孟尝君、赵国平原君、魏国信陵君、楚国申春君。四人同是有势力的私门，力谋在纷乱中做一番事业。

齐国孟尝君，本姓田名文。他有两件事迹为后人所乐道。一是"鸡鸣狗盗"，一是"狡兔三窟"。其实，都是他门下的三千食客，为他在危难时发挥作用。

田文之父，本是齐相。封地在薛，亦称薛城。其父老死以后，田文传袭封地，广招人才，食客三千。继而名声远播。秦王意欲结识他，便邀请他入秦国。田文带一批人同赴秦王之约。秦王本有意起用他为相，但遭朝内人嫉妒和反对。秦王终被说服将孟尝君囚禁，因为不该用也不该放走。田文为了能够脱身，派人见秦宠妃帮忙。她要得一狐裘，然后才替他美言。田文本带一狐裘作礼，但在见面时已赠予秦王。于是便有随行的食客请缨入秦库偷盗。他扮狗叫，瞒过守卫。潜行暗伏，成功取宝。那宠妃得到狐裘后，果劝秦王释放田文。接着，为防秦王变卦，田文趁夜出逃。无奈城门未开，要候晨鸡报晓。于是，食客中有人扮鸡鸣，引发雄鸡随而大唱。守城者亦以为天已大亮，遂开城门让田文与众出。后来，秦王派兵追赶已经迟了。

这就是"鸡鸣狗盗"的故事。

至于"狡兔三窟"亦是他的食客在困难中如何帮助了孟尝君的智谋。又诸如此类的故事，使四公子留名后世。

五、孙氏兵法，再次扬威

在春秋时的孙子兵法，到战国时又再度扬威。

孙武后人，有一孙膑。据说，他是孙武的孙子。幼时拜在鬼谷子门下，曾与庞涓一起学习兵法。

庞涓是魏国人，为人阴险嫉妒。他下山后获魏王任为将，胜了几场小仗，更得信于魏王。他深知同学孙膑比他强，又精通"孙子兵法十三篇"，便设计要消除这一劲敌。他怕孙膑回齐国去效命，先命人请他到魏国，但又不想魏王重用孙膑。魏王本欲任孙膑为副将，协助庞涓，用其所长。庞涓故意要魏王用孙膑做客卿，一方面是不希望孙膑有所发挥，另一方面是容易设计加害。不久，他诬告孙膑私通齐国来对付魏国。魏王把孙膑交他处置。庞涓把孙膑的双膝削去，假说减刑免死，哄得孙膑感恩。随后又想孙膑传他孙氏兵法。但孙膑终识破他的意图，长期装疯与猪同睡同食。及后得友人助逃归齐国。齐将田忌爱才，将他养在府中。其间，孙膑曾教田忌在一场赛马中，以上中下三等马对齐王的同类三等马，采用"以下对上，以上对中，以中对下"而大胜，被齐王发觉用为军师。在齐魏两国对垒中，经过孙膑悉心策划，在马陵道困住魏军，智杀庞涓，抓魏太子。马陵一役，魏国折兵 10 万，一蹶不振。

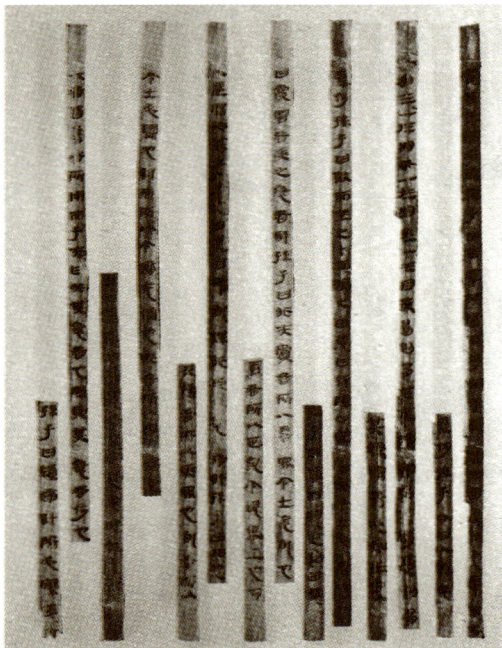

1972 年 4 月 4 日，中国考古工作者在山东临沂银雀山汉墓发现大批《孙子兵法》和《孙膑兵法》竹简。这是墓中出土的一部分竹简（资料照片）。　　　　　　　新华社发

之后孙膑隐居山村，写成《孙膑兵法》一书，共收 89 篇，并附绘图四卷，是继其先辈《孙子兵法》后又一巨著。后人一直以为此书失传，或者误认只不过是祖孙同一著作。皆因《孙子兵法》一直流传。直到《孙膑兵法》重新出土，这个千古之谜才有了新答案。那是因为在 1972 年山东省临沂县发掘出了一座距今大约 2100 年的汉墓，内有《孙子兵法》及《孙膑兵法》的竹简，便彻底地澄清并纠正了这宗中国历史上的误解。

第 9 章：七雄（下篇）

一、长平之战，纸上谈兵

《孙子兵法》中有这样的名句："知彼知己，百战不殆。"其实就是强调仅靠熟读兵书是不行的。战国时期的行军实战例子中，就曾有过"纸上谈兵"的败迹。

这就是秦国对赵国的那一场"长平之役"。

赵括是赵国赵奢的儿子。赵奢曾是赵国名将，死后由子赵括袭爵，继续做大将军，但是他无实战经验。不过，赵括自幼熟读兵书，平日喜欢与父讨论兵法，有时在口舌上甚至胜过他的父亲。因而，习惯纸上谈兵，而且自命不凡。其父生前早已提及，其母亦知他的弱点。

公元前 260 年秦国因争夺魏国一大片土地与赵国在长平开仗。赵国用廉颇为将，坚守长平 3 年之久。秦国派了间谍到赵国去散布流言，一边说廉颇快要投降秦国了，同时说秦国的兵最怕的是赵括。赵王本来就不满意廉颇，怀疑他只守不攻的策略，果然中计以赵括换廉颇，命他率兵去与秦兵作战。出发之前，赵母求见赵王，说赵括无实学；又说，若然赵括打败，请不要怪罪他。赵王答应了，但仍用赵括。秦国得到这消息后，改派名将白起统军。白起首先以退为进，诱得赵括挥兵追赶。然后，突出奇谋，一方面以大军完全截断赵的后方，另一方面以铁骑 5000 把赵军从中分隔开。同时还封锁赵军的粮食供应，使其断炊两个月，演变出人食人的惨剧。赵军既疲且乱，丧失战斗能力。

在此期间，赵括分兵四队，轮番连续反攻，依然无法突围。最后，他自己在冲刺中被秦兵射杀。赵军投降，共 45 万。白起恐怕他们反叛，分做十营全部活埋。战争本来就是这样残酷，而这只是战国一场歼灭战。

长平之役，赵国惨败，此后在七国争雄中日居下风。这段赵括"纸上谈兵"的故事，亦成为历史上的借鉴。

二、毛遂自荐，歃血为盟

长平一役后，秦国再度出兵。

这次是直迫赵国的京城邯郸，展开了长达半年的围城之战。赵王一方面用廉颇坚守城池，一方面派平原君赴楚国求救。于是，又添了一段"毛遂自荐"的小故事。同时，使战国"四大公子"中的三位，同登历史舞台。

赵国平原君赵胜是战国四大公子之一。他豢养了 3000 食客。在赵王的调派之下，决选 20 人随行赴楚。当他挑了 19 名后，对于最后一名人选，正在迟疑未决之际，有人排众而出请缨。平原君问："你在我处多久？"那人答道："30 年。"于是平原君说："有才能的人就好像锥子被放入布袋中，岂会至今未见显露？"那人便答："因为你一直没有把我放入你的布袋。"平原君因而问他姓名，这人自称他叫毛遂。于是就选了他，被称为"毛遂自荐"。

当然故事还没有完。毛遂此行大显身手。

平原君见到了楚王，谈了半日仍无进展。毛遂以侍从身份入，按剑直趋楚王面前。楚王喝止，要他退下。毛遂再进，同时答道："王所以呵斥我，以为楚国人多。但是现时你我相距不到 10 步，你人再多也没有用，你的命握在我手中。"然后，毛遂再以秦国曾囚杀楚王先辈的旧事，责以大义，应报此仇。他劝楚王及时发兵，与赵国联军合而破秦。楚王在这种情况下，只好满口称是，于是，毛遂叫人捧上一碗鸡血，使楚王即席与平原君歃血为盟。

接着，楚王派楚国春申君率兵 8 万，日夜兼程，前往救赵。这开始了另一段"四大公子"的盗符插曲。

三、侯生献计，如姬盗符

不过，楚国春申君的兵马到了半途就停下来。原因就是，魏国本亦派兵支持，秦王抢先派人恐吓："谁敢去救赵，若打下邯郸，秦就去惩罚他！"魏王只好叫停。

魏兵既然如此，春申君遂不前。这样，魏国、楚国两支大军，便在离赵国邯郸几十里的外围观望。

赵国的平原君这下子倒急了。他写密信给魏国信陵君，叫他设法来救他亲姐姐的命。因为信陵君的姐姐就是平原君的夫人。于是，信陵君去劝魏王命前线统帅快去救赵，但是魏王始终不肯。信陵君决定亲自去。他带着家众千人，出东门遇见侯生。对方是他知己，竟然拱手冷言："公子保重！"信陵君别过后又折返问："可有良策？"侯生先解释说，他此去是如羊入狼窝，毫不济事。然后就献计要他找魏妃如姬去盗兵符。因信陵君曾助如姬报杀父仇，如姬就是魏王最得宠的爱妃，果然这件事当晚就办到了。侯生又遣一名力士随信陵君持符跟随。符是统兵信物，可以阵前易帅。信陵君见到了魏军主将，递上兵符，果然吻合。主将本欲派人打听虚实，却随即被力士上前锤死。信陵君马上重编了队伍，带着魏国的8万精兵，杀向围困邯郸的秦军。这突然的变化，又产生了效应。城内的平原君领兵自内而出，楚国春申君亦闻讯挥军驰援。秦兵遭到这三面夹击，军心大挫，败阵撤退，邯郸之围就此获解救。

这一仗，秦大败。而且，事前秦将白起就已被杀。

秦将白起本来在长平战役中打败赵括，正欲挥军直进，却被鸣金班师。皆因赵国同意割地求和。后来赵王反悔，秦又再度举兵。白起就托病不去了。他谏秦王不可无信，又说既然答应罢兵，就不应该说话不算数。秦王下令再三，要他带病出师。可是白起宁死不从，遂被秦王赐剑自杀。

秦围赵国邯郸这一役，在内在外都损兵折将。

秦国虽然日趋强盛，六国阻力依然不小。

四、奇货可居，千古之谜

又是中国历史上的一个千古之谜！到底谁是嬴政的亲生父亲？表面上是秦庄襄王，另一说是吕不韦。嬴政是战国时的秦王，消灭六国，建秦朝自号秦始皇。

秦的祖先有史可查，吕不韦就很不一样。

有关他的故事是这样的：吕不韦是一名韩国商人，他发现了秦国王室有一名庶子异人在赵国充当人质。把子孙派到某国去居住，是春秋战国盟约的惯例，有时是抵押，有时是和亲，异人就是这样被安排到赵国。吕不韦认为是一个难得机会，便抓住去钻营他日后的出路。他首先与异人修好，然后又去秦国运作。当他知道秦国太子安国君的正妻华阳夫人没有儿子，便说服华阳夫人收异人作为她自己所生，并且取得太子安国君答应立异人为嫡裔。当秦孝文王死后，华阳君就是秦昭王，异人因而成了太子。吕不韦还另有打算，他把自己的一名已怀孕的爱妾，让给异人做妃，后来生下一子，他就是后来统一天下的嬴政。从历史上看，他是异人的儿子还是吕不韦的骨肉？世无定论。

秦昭王登位后一年便死了，于是异人继位即秦庄襄王，三年后也死了。嬴政才 13 岁便做了秦国之君。

吕不韦因与异人的关系，秦庄襄王时已经拜相。嬴政接位，称他仲父。吕不韦掌握着秦国一切实权。难怪他曾比喻异人"奇货可居"。他的这宗买卖确是"千古之谜"！

五、远交近攻，秦灭六国

嬴政年满 22 岁时，吕不韦拟政变夺位。嬴政以迅雷手段，加冕亲政，铲平叛乱，后迫使吕不韦自杀。

公元前 237 年嬴政起用楚人法家李斯、魏人兵家尉缭，沿用张仪连横的策略，开始部署消灭六国。嬴政用李斯管刑狱，以尉缭为军事统帅。一方面派人用重金贿赂各国权臣，离间各国合纵关系；另一方面派良将率人马挥兵压境，以武力向邻国发难。史称此是"远交近攻"。

秦国地处西陲，向东邻近韩国。公元前 230 年，秦开始了统一天下的征战。韩遂首当其冲，轻易为秦所败。秦虏韩王，尽取其地。韩被划为秦郡，就这样亡了。

公元前 230 年，秦将王翦攻赵。次年，大破赵军，攻入邯郸，俘虏赵王。其子嘉出逃，在代郡称王。但赵土已绝大部分为秦所占，依赖燕国兵力支持苟延残喘。其间，燕太子丹派荆轲刺秦王不遂。秦王大怒，遣兵攻燕。破燕都蓟城，燕王败走辽东。燕王杀太子丹献秦议和。

公元前 225 年秦派王翦之子王贲攻魏。他引黄河水灌魏都大梁击败魏兵，俘魏王，取其地，魏亡。

翌年，秦王派王翦与蒙恬领兵 60 万南下合攻楚。激战盈年，秦斩燕将项燕，继陷楚都寿春，楚国遂亡。

公元前 223 年，秦将王贲攻入辽东，虏燕王，亡燕国。接着，王贲攻克代城，虏赵国代王嘉，赵国亦灭。

公元前 221 年，王贲继续南下。不久，秦破齐都临淄，俘虏齐王田建。于是，齐国亦被消灭了。

秦国在嬴政领导下，由公元前 230 年灭韩开始至公元前 221 年灭齐止，前后用兵 10 年，秦遂统一天下。

第 10 章：九流（上篇）

一、九流涌现，开宗立派

"九流"是中国古代哲学思想流派的总称。

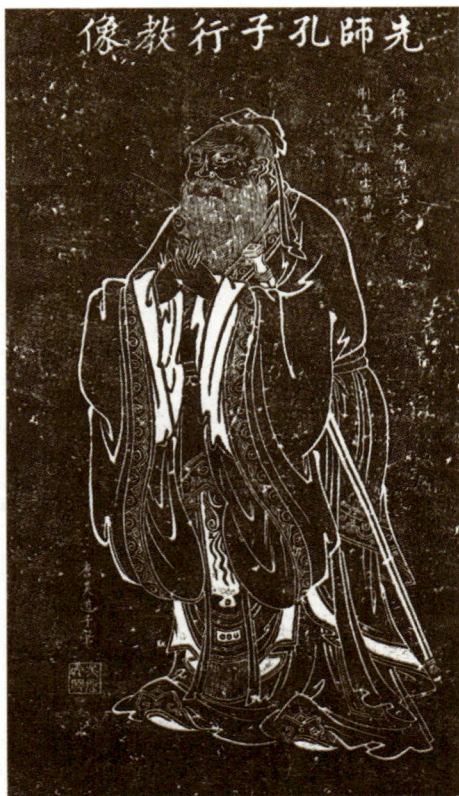

这是孔庙"圣迹殿"内一块珍贵的石刻画——《先师孔子行教像》的拓片。

岳国芳摄

他们就是："儒、道、阴阳、法、名、墨、纵横、杂、农"。另外还有"小说"，合起来称"十家"。他们这些主张，于春秋及战国期间，在中国社会的各个阶层先后涌现，彼此争相辩论，史称"百花齐放，百家争鸣"。

其实，这些思想家、哲学家都来自士的阶层。

士是有学识的周朝落难贵族，或其后人。古代，贵族才有机会读书，袭爵，传五世后都成庶人，加上春秋及战国时期的诸侯大小兼并，有些人亦因此亡国而丧失身份。但他们都曾经读过书，遂出现了一大批士。

士要生活，到处求职。口舌雌黄，成家成派。

孔子周游列国，本来就是求官；

孔子有教无类，亦是招徒糊口。不过，他的这些做法，无疑开了风气。他删写的六经，是用作教科书的。所以，尊他"万世师表"。

其他思想流派的代表者，亦大同小异，各自著书立说显身扬名。有些人幸运，有些人失意，或当官，或隐退，有的流传千古，有的转瞬即逝。西汉史学家司马迁之父司马炎曾认为："诸子百家，主要有六。"即是："阴阳、儒、墨、法、名、道"。东汉史学家班固说："诸子十家，其可观者，九家而已。"后世称"九流"，把小说排除在外。

其实，这样划分并不全面。至少，它明显地把非常重要的"兵家"遗漏，无论在当时抑或现世，《孙子兵法》的地位一直受人们重视，其译本仍在世界各国流行。

二、阴阳五行，五德始终

在"九流十家"中，如果以思想出现的先后，当推"阴阳"学派的五行说。但却没法追溯到最初原创者。

"五行"的观念，夏朝初夏启伐有扈氏时作《甘誓》时已经提及，斥对方侮《五行》，被记载在《尚书》。商周之际，有《洪范》篇指出："五行：一曰水，二曰火，三曰木，四曰金，五曰土。"也记载在《尚书》之内。

"阴阳"的观念则最初出现于《易经》。只能说是周时之作，孔子曾加以编删，真作者就不知了。至少在经的《系辞》中这样提出："乾，阳物也；坤，阴物也。"整部《易经》，如果不懂阴阳，就什么都不明。阴和阳的相对是贯通一切事物的两个对立范畴。其实，在殷商甲骨文卜辞中也已有"向日为阳，背日为阴"这种概念。

随后，"五行"与"阴阳"就合二为一，构成统一的宇宙论哲学，也开始了中国的占卜术。在理论上，它们交替导致四季推移，万物的变化都由此产生。接着，其他思想流派都或多或少地对这两种观念加以采用，并且，不可避免地也同时与宗教的神秘与现实的政治结合起来。

这一派的代表人物是战国时的齐人邹衍。他把"阴阳五行说"演变为"五德始终说"，套用到社会历史变动和王朝兴替上。依他解释，一切按照五行相生的原理，不断循环，周而复始。邹衍的五德始终，始于土而终于水，大致是这样演绎的：黄帝属土，夏禹属木，所以，因木克土，夏禹建立夏朝，取代黄帝王朝；又金克木，商汤遂取代夏；但火克金，周必灭商；到水克火，秦朝代周而统一了天下。然后，五德又从头再来，另一个循环开始。

这种说法构成了中国人随后的历史循环论。

三、道家老子，著《道德经》

谈到道家，先说老子。一般认为，老子姓李，名聃，史称老聃。所以称老，因其长寿。至于称聃，因他耳大。后世称他李耳。

老子本是楚国人，做过周室藏书史官。相传孔子曾经向他问礼。老子后来隐退，著《道德经》传世。书中以"道"来说万物演变，并且以"道"解释自然规律。

老子认为一切事物都有正反两面对立，互相变化，福祸相因。同时，以阴阳刚柔做基础，对宇宙运作的有无，提出过朴素唯物论命题，是

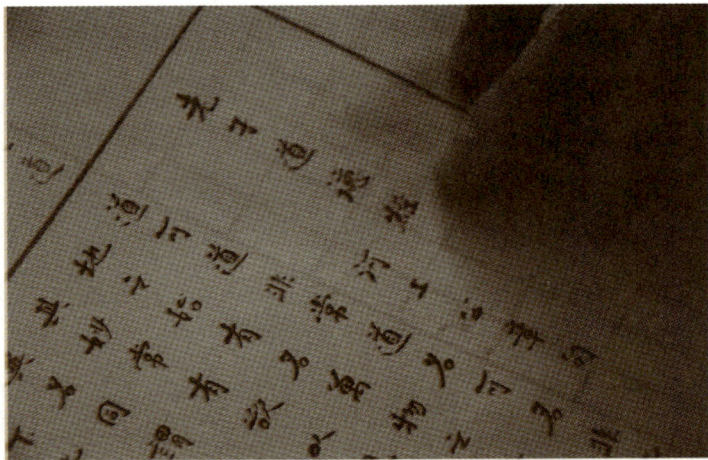

《老子道德经印谱》中的手抄道德经全文底稿　　陈凌志摄

这方面思想的早期议者。在政治范畴上，老子缅怀原始生活，主张世人无为而治。

《史记》对他生平陈述不多，并以"莫知其终"结尾，遂被后世神化渲染，将他塑造为两大宗教创始人。

老子学说的继承，最著名者是庄子。他本是宋国人，生时常处贫困。他承继了老子思想，对道法自然进行了再发挥。他认为道无所不在，自生自灭，自本自根，但却否认有神主宰。他强调，道是"先天地生"，"万物皆一"。这个"一"是"平等"之意。因他主张"齐物我，齐是非，齐大小，齐生死，齐贵贱"，一生追求逍遥自得。

他还认为人生不过梦幻一场。无论生死，都无所谓。

他曾作过生动的比喻，后世传为《庄周梦蝶》。他说，庄周做梦见自身化蝴蝶，醒来才知不过大梦一场。但是他又不禁要问，人生到底是梦是醒？到底是蝴蝶化庄周，抑或是庄周化蝴蝶？既简单，又生动，后世广为传颂。

四、儒家孔子，有教无类

谈到中国文化，不能不讲孔子。他不仅是儒家的创始人，又被历代尊为"万世师表"，是老师的老师。

孔子名丘，别号仲尼，是春秋时期鲁国人。他曾跟随过不同学者，包括老子在内，最后自成一派宗师。他曾在鲁国当过官，由于并不得志，因而周游列国，推销他的治世主张。但是没有君主赏识，只好回鲁国开私学。他的"有教无类"，打破贵族才有资格读书的传统，开了求学人人平等的先例。从而推动士的阶层可以自庶民而获得提升。

孔子主张"仁"的学说，"仁"即"爱人"，提出"己所不欲，勿施于人"。又说"克己复礼为仁"。"礼"就是指周朝时的贵族等级秩序。又提"正名"，就是指"君、臣、父、子"都应该名副其实。这构成后世儒家主张的"三纲五常"，把封建社会中的君臣父子关系加以固定，贵者贵，贱

曲阜"三孔"——孔庙、孔府、孔林

者贱，王侯农工，主奴长次，各按照其地位做人。这受到历朝统治者欢迎，孔子亦被他们尊为"圣人"。

史载，他有弟子3000，著者70余人。他生前曾修删六经，即《诗》、《书》、《礼》、《易》、《春秋》、《乐经》。他的言行，辑成《论语》，是他与门人弟子谈话的问答记录。

继承孔子学说最著名的是孟子。他亦强调"法先王，行仁政。"恢复井田制度。同时，肯定人性生来是善，但受环境教育影响。他教人去修身养性，以求达到"富贵不能淫，贫贱不能移，威武不能屈"的境界。他亦著书立说，提出"民贵君轻"，劝告统治者重视人民，并言残暴者可被推翻。他被后世推为"亚圣"，著有《孟子》。

另外还有一个荀子，是介乎儒家与法家之间的战国后期哲学家，被誉为中国古代唯物观的先驱，有《天论》说："天行有常，不为尧存，不为桀亡。"他的《人性论》主张人性恶。他说："目好色，耳好听，口好味，心好利。"故此，他倡"明礼义以化之，重刑罚以禁之"。

五、墨家墨子，行侠仗义

墨家由墨子所创，其学说轰动一时。春秋战国之后，逐渐后继无人。但传《墨子》一书，曾说有 71 篇，现在只存 53 篇，已亡佚 18 篇，又篇名不可考。

墨子名翟，是鲁国人，称"贱"人，后成"士"。他是手工业者，用行动去推动主张，游说只属次要。

墨子主张"兼爱"。行动上执"非攻"。"兼爱"是"平等"和"互利"，即一视同仁，互相帮助，反对"富侮贫，富傲贱"。至于行动"非攻"，则是反对"兼并"，那本是针对春秋战国时诸侯间的土地掠夺。他并不是反对用武，墨子认为，战争有"义"与"不义"的分别，兼并侵略就是不义，伐暴诛虐才是义举。因此，在"大吞小、强凌弱"的争斗中，他以身作则地带着一批弟子四处奔波，以武止攻，平息干戈。有关这方面的记载，其中著名例子就是，助宋国守城，对抗公输般。据说公输般是木工能手，他助楚国制作云梯攻宋。墨子率众助宋防御。公输般曾九造工具攻城，均被墨子一再设法破解。

据说，事情的经过是这样的。墨子在听到消息后，即从鲁国出发赴宋，裂裳裹足，日夜不休，十日十夜而至于郢（楚国首都）。待见了楚王后便问："我是北方来的'鄙人'，闻大王将攻宋，是否真有其事？"王答："确有其事。"墨子又问："是因为你以为必定赢，所以才攻宋吗？又如果你必定不能够赢，而且这又是不义的行为，你还要攻宋吗？"王答："这当然不会。"于是墨子就说："那么，我正要告诉你，你攻宋必定不会赢。"王则反问："公输般是天下间最巧的工匠，何况攻宋的器械已经准备好了。"墨子便说："就请公输般试一试，他攻，我守。"就这样二人的较量开始了。公输般曾九换工具攻城，均被墨子一一设法破解。于是楚王只好就此作罢。宋国也就因而转危为安。这是《吕氏春秋》的记载，后世传为佳话。

墨家又称墨者，生活俭朴。墨子在世时，弟子数百计，常为拯救民生，赴汤蹈火。相传组织有序，首领称做巨子，一旦展开行动，死不旋踵。

墨子有著名弟子禽滑厘及孟胜等人。墨子死后，分为三派。有相夫氏之墨，邓陵氏之墨，禽滑厘之墨。或称做"别墨"与"真墨"。与儒家学说表面上颇有类似，譬如孔子讲仁，墨子兼爱；但实际上则是彼此刚好相对，因为儒家要贵贱永远地继续，墨家将贵贱平等地对待。所以，在春秋战国时，墨家比儒家更盛行，一度被视为显学。但是自从天下统一，墨者渐被排斥，流落民间演变侠客。两千多年来，只继续传于传奇及后世的野史小说中。

世人都以为西汉时司马迁写《史记》是十分公正的。但是，对于墨子，却未立传；仅在写别人的时候简单地顺便提到了他。司马迁记："盖墨翟宋之大夫，善守御，为节用，或曰并孔子时，或曰在其后。"仅此而已。现代有人考证，即便是这寥寥数字也有谬错，墨子应该是鲁国人。

第 11 章　九流（下篇）

一、名家诡辩，白马非马

名家是诡辩的专家，是逻辑分析的开始。

春秋战国时期最负盛名的名家代表有惠施与公孙龙。

据说，惠施是庄子的朋友，庄子曾说，惠施的才干是多方面的，他的著作可以载五辆车。由此可知，实有其人。只是他的著作如今多已亡佚，只可从诸子文献中找到片断。其中较完整的就有"十个辩题"及"二十一事"的分析争辩，常为人所称道。譬如，《同异论》是一例。惠施通过异同之辩，其实是分析了事物的同一性和差异性，从而提出有"大同、小同"及"大异、小异"的观念。亦即事物有个别属性和普通属性，用上了朴素的逻辑思维。

名家学派的出现，亦是针对儒家的。据说当时有"名实"的正名争论。东周战国是时代的转变时期，是奴隶制向封建制过渡的阶段，新旧交替，名不副实，一方面是儒家主张抱残守缺，恢复周制；另一方面是诸子肯定变革，展开辩驳。名家，又称辩者，与法家一齐与儒家争论。

另一位公孙龙，著有《公孙龙子》，本留下 14 篇，现在尚存 6 篇，以《白马论》及《坚白论》闻名。

他也是因为厌恶当时事物的名称和实际不相符，以他的专长，用实物比喻，提出了"白马非马"的辩论。他说"白"是称呼颜色，"马"是称呼形体，颜色不是形体，形体不是颜色，因此，若然两者合二为一，就是不对。同是逻辑分析，他提出《坚白论》。他说，"坚白石"只可以是"二"种东西，不可以是"三"种东西。他解释说，看的时候只见白和石，摸的时候只觉坚和石，都只有"二"。因为坚和白是分离，看到白时不见坚，摸到坚时不觉白，所以，"坚白石"不能是"三"种东西。当然，这也是基于形体与颜色不可混为一谈的另一种辩论。

以"辩者"著称的还有荀子，他本是儒家学者，提出"人本性恶论"，后来逐渐走向法家学派。他的两位著名弟子，名叫李斯与韩非子，是法家的主要代表。

二、法家人物，主张法治

法家人物，主张法治，春秋战国时这方面的人物首推子产。他在郑国执政期间曾颁布《郑人铸刑书》，是中国历史上出现的第一部成文法。后来，法家人物又有魏国李悝、楚国吴起、秦国商鞅分别推行变法，都是获得了君主的信任，推行新政，改革旧制，以变法谋富国强兵。

他们的一般做法都是强调法律的贯彻执行。商鞅曾在市中立一木杆，并且颁布条文，谁若把它移到城西，就会得赏银千两。几天过去，没人移它，因为认为是在开玩笑。后来，终于有无聊者姑且一试，事后果获如数赏金。遂传遍了天下，颁行新法，莫敢不从。

法家学说的大成者是韩非。他在商鞅的"法"的基础上，加上申不害的"术"和慎到的"势"，形成"法、术、势"的主张。他说，"法"的贯彻施行与否，还要赖君主"权重位尊"的威信建立，以及要采取"严刑奖罚"去控制群臣。他的学说大受秦王嬴政赞赏，逐一运用，建君主专制的中央集权，把大权集中在皇帝手上。

法依仗权，无权不行。这也是立法、施法及执法时的关键。更好的法律，更好的人才，如果没有一个绝对权力在其背后支撑，法律就会被废，人才就会被罢，以至执法者有杀身之祸。历史上的法家，一旦失去了靠山，就如同树倒猢狲散，吴起、商鞅，甚至李斯，全都死于非命。

在中国历朝历史上，这也是法家的悲哀。

法家在秦统一天下之后得势，一度以法独尊，罢黜其他学说。但是自汉朝武帝后，就被儒家追赶上了。此后法家常处下风，曾几度力求翻身，与儒家明争暗斗，左右中国历史步伐。法家儒家的对立，成为以后思潮特色。

三、杂家吕典，变做资料

杂家有著作，完全是抄袭，戏称《吕典》。

杂家的代表是吕不韦。他留下了《吕氏春秋》。他连"抄"都不是，只美其名叫"编"。因为他在秦王嬴政未成年时摄政，有权有势，命人代劳。所以，杂家并无任何创建，其见解是编合而成。东取一些，西凑一些，即使互相矛盾也无所谓，能折中最好，不能也作罢。总之，根据一些情况，选择某些答案。书中有当时各家各流派的学说，不同问题，取舍有别，故而称"杂"。

吕不韦无疑是一个非常有头脑的商人。但如果论行文著述，确实是大言不惭。他在编成《吕氏春秋》之后高悬城上，张榜扬言："有谁能够将它增减一字，重重有奖。"

当然无人敢试。这非因其书精确，只碍于他的权势。

史称，吕不韦所以编《吕氏春秋》，纯粹是计划要自立为王，欲先扬名自己，然后篡朝夺位。结果，被嬴政占先机，除去他的党羽，继而革职流放，最后自杀。因此，吕不韦欲凭借杂家而做的皇帝梦亦就此破灭了。

不过，他编的这本书却被留传下来，主要因为它里面收藏了各家之言，从而为后世保存了丰富资料。

这也是杂家的现实价值。

四、杨朱为我，一毛不拔

　　杨朱之名，在春秋战国交替之时出现，相当响亮。但是杨朱没有留下著作，名字在诸子论说中被提及。其中，孟子曾说："杨朱取为我，拔一毛而利天下，不为也。"近代学者认为，这话有两种解释，一是"只要杨朱肯拔他身上一根毛，就可享有天下利益，他还是不干的"。又或"只要杨朱肯拔他身上一根毛，就可使天下都受利，他还是不干的"。杨朱学说不列十家，也不入九流。据称，他是一名隐者，曾与墨者齐名。当时，杨朱、儒、墨在思想界三分天下。杨朱曾被列为道家，他倡"独善其身"。他说："人人不损一毛，人人不利天下，天下治矣。"这与"无为"殊途同归。杨朱主张及时行乐，人死就是一堆白骨。虽然他贵"为我"，但是却贱"侵物"。可能因杨朱"利己"与墨者"利他"对立，因各走极端而相提并论。完全"为我"总受非议；完全"利他"不切实际，故后世不传。

　　除此之外，还有农家。其代表者有许行，曾倡导"君民共耕"。他率弟子开拓荒地，这种回到原始的做法，难得有后继者效法，更遑论有王者肯去带头。

　　至于纵横学派，在战国期间盛行，以苏秦与张仪为代表。他们一个抗秦，一个事秦，以说客的身份而晋身相位，叱咤风云一时，之后就绝迹了。到天下已定时，这种"联弱制强"、"分化破坏"之策，就不合时宜了。

　　九流之外的小说家，曾以野史话本流传。历来，都被贬为雕虫小技。虽然如此，汉、唐依然有人继续，明、清大兴。有《水浒传》、《西游记》、《三国演义》及《红楼梦》相继问世，史称中国"四大奇书"。

五、诸子百家，谁与评说

诸子百家出现于春秋战国，之后，就是秦始创了的历朝帝制。在随后的两千多年，他们的主张又是怎样的情况？影响当然是有的，只不过各家不同，遭遇也完全不一样。就以当时最突出的六家而论，也只有三家能独立传于后世。

这三家就是：儒家、道家、法家。

首先，是阴阳五行被各家分别所吸收与融会，逐渐失去了它本身独有的派别和主张。最明显的是以占卜星相及天文历法，附于道家。儒家也曾借用，如天人感应。

在后世流传的三家中，法家最先派上用场。李悝、吴起、商鞅都以推行变法而名传后世。李斯因协助嬴政雄霸天下，统一文字和币制，更加成为当时得令的人物，甚至促使焚书坑儒，使法典独融于民间。但是这种强压的做法不长久，很快便连李斯也都死于非命。接着就是儒家兴起，得到历代权贵推崇。自此，儒家的三纲五常演化为中国人的桎梏。曾经一度与儒家齐名的墨家，在强调制度秩序的社会匿迹。巨子行侠仗义，只能间现江湖，被斥为以武犯禁的刁民，或小说题材里的叛逆星火。

道家如何？老子被神化了，庄周也变做仙，一种土生土长的中国宗教观，附会着老子的神秘学说产生。争人的平等，慕仙的自由，在走投无路的年代，平民百姓揭竿而起，打着各色道教旗号，希望推翻皇权专制。又或希望得道长生，做一名济世的游士。

诸子争鸣，百花齐放，曾是中国哲学的摇篮。

抗衡对立，融会吸收，成为中国文化的支柱。

中国历史于是走进帝制时代。

第 12 章：三大循环

一、分合前进，盛衰交替

循环，就是周而复始，反反复复。

一个朝代出现，一个朝代消失。其间，生生灭灭，兴兴亡亡。仿佛世世代代将会如此没完没了。

旧的一个垮了，新的一个诞生。

仍然有人建朝称帝，专制继续。

这就是中国长长的帝制历史。由秦始皇至清宣统，一共 2100 多年，大朝代、小朝代，好皇帝、坏皇帝，或乱或治，或分或合，此去彼来。

真是叫人头昏脑涨，难加整理。

让我教你认识三个大循环，每个有 700 年，而且大同小异。它们就好像是各自依照着同样的历史轨迹，分合前进，盛衰交替。

如同是一个模式，出现了三次。

二、三大循环，这样划分

帝制史曾有三次大循环。

每次大约是 700 年，合起来 2100 年。由秦始皇（公元前 221 年）建朝开始帝制起，至清宣统（公元 1911 年）让位结束帝制止，大约就是这么一个数目。相差无几，容易记忆。

第一个大循环由秦算起，接着是汉，然后是三国两晋，至南朝、北朝，合计大约共有 700 年。

第二个大循环由隋算起，接着是唐，然后五代十国，至北宋、南宋，合计大约又是 700 年。

第三个大循环由元算起，接着是明，然后南明三藩，至前清、后清，合计大约亦是 700 年。

而且，这三个 700 年有类似的同一模式。先是一个短而强的朝代统一分裂局面，然后一个长而盛的朝代国势由盛而衰，之后天下先经历短期的纷乱，才又开始下一半的形兴实弱的长达 300 年的朝代循环期。

三、精于用兵，穷兵黩武

都是先由一个短而强的朝代开始。第一个循环是秦；第二个循环是隋；第三个循环是元。

都同样是精于用兵，甚至过于穷兵黩武。

除了统一天下，他们也都曾屡次大举出巡。奢侈华丽，挥霍无度。但这三个朝代的皇帝都有明显的未了心愿。秦始皇派人寻仙丹；隋炀帝出兵征高丽；忽必烈跨海攻日本。一再刻意孤行，均以失败结束。

秦有焚书坑儒的暴行。

隋有万女拖舟的虐例。

元有民分四等的苛政。

因而，动乱四起，民不聊生。秦与隋各二世而亡。元虽稍长，但亦不过多几十年便被人民推翻。秦留下了万里长城；隋亦留下了大运河；元代蒙古人的军队横扫欧亚，沿途杀掠，生灵涂炭，史称黄祸，都是血证。

以上是这三朝的共同特色。

四、辉煌朝代，威震四夷

接着是一个长而辉煌的朝代。秦之后是汉；隋之后是唐；元之后是明。建朝立国的人都有一番挣扎然后坐稳江山。汉的刘邦是平民出身；唐的李世民代父打天下；明的朱元璋则曾经当过和尚。

他们都曾得到谋士良将之助，随后却又大杀功臣，因而在个人创业史上横添了一些污迹。

然而他们身边都曾经有一个能干或贤淑的女人。只是长子嫡孙无法承继大统。帝位延续，多涉血腥。在较早的阶段，有公认的政绩，威震四夷。并同时以文史立范，汉以史、唐以诗、明以小说传世。

然后物腐虫生。总是外戚、骁将、宦官为患。之间有断代的政变，并同时有大型叛逆。汉有七王之乱；唐有安史之乱；明有宸濠之乱。朝臣间有派系争斗。最后，均被流寇拖垮。汉有黄巾；唐有黄巢；明有闯王。不过造反者都无缘坐稳帝位。

五、改朝换代，如出一辙

随后是一小段动荡分裂时期。汉之后是三国鼎立；唐之后是五代十国；明之后是南明三藩。或彼此同时对峙；或连番改朝换代；或大小星罗竞逐。亡国者想复国；崛起者想建国。纷乱争斗，相互倾轧。然后，整个中原就会进入下半段形兴实衰的 300 年积弱期。后来者都不能长享国泰民安。或轮番换朝，或割地，或丧权辱国。

晋时北方有五胡乱华。然后再分南朝、北朝，各自改朝换代。同样，五代之后，宋时北方有辽、西夏、金的相继出现。及后迁都，开始南宋，偏处江南，国势更弱。即使明之后的清，南明及三藩的叛乱亦先后持续了

40 年才平息。表面繁华，形治实乱。其间仍有不少教乱，尤其太平天国之后，更加内外交困，每况愈下，直到最后灭亡。至此，专横的帝制便让位给民主共和了。

这就是长达 2100 年的帝制史。三大循环，如出一辙。让我随后分章逐一加以补述。

第 13 章：秦

一、嬴政身世，两个假父

　　帝制史的第一个大循环是由秦朝开始。秦朝的缔造者是秦始皇。让我们首先讲一讲秦始皇这个人。

　　秦始皇姓嬴名政。他是战国时期秦国庄襄王的太子。秦庄襄王只在位三年便死了。之后嬴政当上了秦国国王，当时他不过 13 岁。朝政由丞相吕不韦把持。

　　当时，根据秦国规章旧例，他要满 21 岁才可以正式治理国政。丞相吕不韦因曾经协助嬴政之父秦庄襄王由一般庶子被封为太子，又嬴政之母本来是他旧姬妾，甚至有野史称，吕不韦是嬴政生父。所以，位非寻常。

　　在秦庄襄王死后，吕不韦做的第一件事，就是安排了一个人去侍候嬴政的母亲。侍候后宫的人本应都是太监，但是在吕不韦的刻意安排下，这个男人不但未经阉割，而且据说有独到的魅力，他使嬴政母亲为他私下生了两个儿子，因而加官晋爵，获封卿侯之位，他的名字叫嫪毐。史载，他欲与吕不韦一起串谋伺机夺取嬴政在秦国的王位。

　　吕不韦做的第二件事就是，招募食客 3000，培养个人势力。他为了扩大威望，命手下的文人编写巨著《吕氏春秋》，以显他有学问。该书成为杂家代表之作。但是，吕不韦的这些企图谋位计划，却被秦王嬴政在亲政的同时，以最快手段一一瓦解。

　　据传，先是嫪毐在一次酒醉时与人争斗。他恃宠而狂傲，竟向对方扬言："我是秦王假父，你怎敢与我斗？"此语传到嬴政那里，便命人暗中去调查。嫪毐知事情一旦被揭发，就可能有危险，便欲先下手为强。他盗用秦王与太后印玺，趁秦王在雍地祖庙进行加冕，从咸阳城发兵进袭。但被秦王及时遣亲信扑灭。继而抓捕嫪毐，将他车裂于市。又诛除嫪毐三族及他与太后所生二子。

另外，因受牵连，囚吕不韦。后来嬴政恐他作乱，贬往河南洛阳，免除他的爵位。最后，吕不韦忧惧自杀。

二、秦灭六国，统一天下

由于家庭内部发生如此变故，嬴政对亲属关系及血缘比较漠然。因而喜欢以法为制，不别亲疏，不分贵贱。

嬴政起用了两个法家的人物。一是李斯；二是尉缭。以前者理国政；以后者助军务。他接受尉缭的建议，采取"远交近攻"策略，进行"统一天下"的征战。

具体步骤是，先拉拢与秦国距离较远的南方的"楚"、北方的"燕"以及东方的"齐"，从而使与秦国相邻的韩、赵、魏这三个处于中原中部的国家，变成腹背受敌，或是孤立无援。然后，先近后远，逐个将他们消灭了。前后用兵不过十年。

秦始皇像（摹本）。现藏于北京历史博物馆。

在吞并六国过程中，燕国太子，名字叫丹，曾试图派荆轲往刺秦王。这是一宗很著名的刺杀行动。史载，荆轲是一游侠。他在燕国受到太子丹的款待，百般礼遇，有求必应。据传，有一次荆轲在宴席间曾盛赞太子妃的玉手纤美，不到片刻，这只手便被盛放在一个盘内端到他的面前当做一种馈赠。荆轲大受感动，答应往刺秦王。太子丹在易水之畔设宴送行，场面壮观，荡气回肠。荆轲以送上燕国的地图为借口而获准登殿接近秦王，并事先把一柄匕首卷藏在地图卷轴内。直至图穷匕见，荆轲执刃发难。但是一击不中。荆轲一度力抓王袍，袍破，王起，继而追逐绕行于殿柱间。最后荆轲反被秦王拔出佩剑杀于殿上。

此事惹怒秦王，发兵直迫燕国。在围城的期间，燕国交出太子丹的首级求和，之后燕国苟延残喘几年，终被秦灭。

嬴政以大将王翦及其子王贲领兵，后来又添加了另一大将蒙恬，从公元前230年开始，前后征战十年，至公元前221年便逐一消灭六国，统一天下。

三、三公九卿，历朝沿用

嬴政是统一中国的第一个人。他以秦国原本的京城咸阳（西安附近）为都，建立了第一个中央集权的王朝，弃"王"取"帝"，称"始皇帝"。他希望子孙能依次传袭，二世、三世，以至万世。皇帝有至高无上的权力。他废除了土地"分封"的奴隶制；而代之以遍设"郡县"的皇权制。全国设有36郡。郡下设县，派郡守及县令，不得世袭。朝内取消"世卿世禄"的爵位制，建立所谓"三公九卿"的行政制。自此，皇帝以下的"三公"是：丞相、太尉、御史大夫；"九卿"就是：奉常、郎中令、卫尉、太仆、廷尉、典客、宗正、治粟内史、少府。此后中国历代历朝基本上都采用秦朝这种行政制度。

秦朝所统辖的领土，除黄河、长江两大流域外，还有东南沿海百越一带，即今浙江、福建、广东、广西，甚至贵州、云南、四川等地。后又派大将蒙恬领兵北逐匈奴，把过去秦、赵、燕等国的北边城墙连接，是为今

万里长城

曰世上仍可以看到的万里长城，全长共达 4000 多里。

与此同时，秦始皇在全国范围内，废"井田"制度，行"私有"土地，容许彼此买卖，重农抑商。

另外，秦始皇统一法律，统一货币，统一文字，统一度量衡和统一车轴。他下令颁秦律 6 篇。在币制上以黄金及"方孔圆钱"半两为上下币。以篆书为法定文字。在度量衡方面，度和量采用十进制。度的单位有寸、尺、丈；量的单位有升、斗、斛；衡则以 10 钱为 1 两，16 两为 1 斤，126 斤为 1 石。此外，他还规定车辕 6 尺，使道路宽窄有准则，这对后来交通运输的发展起了积极的作用。

跪射俑仍保持着两千年前的姿态。　　　　二号坑发掘出的跪射俑。　　　范德元摄

四、苛政坑儒，重用法家

秦始皇重用法家，并因而罢黜百家。

他特别喜欢韩非子主张的"法、术、势"。他曾派人找韩非子，并拟予以重用，却被李斯出于忌妒暗中杀了。他用法律严厉治国，受到儒生公开批评，他便抓起他们，坑亡 400 多人，同时，除法家著作外尽焚其他书籍，这就是著名的"焚书坑儒"事件。另外，他还征发大批劳力，到处大兴土木，遍设离宫别馆，以满足个人穷奢极欲的享乐。其中以阿房宫最为著名。同时，他还在骊山盖陵墓。今时发现举世震惊的兵马俑，只不过是秦始皇陵墓外的摆设。

在他进行专制统治期间，曾先后五次冒险出巡。一方面是炫耀武功，另一方面是威慑反叛。曾有一次他巡游至博浪沙时，遭到韩国后人张良设伏袭击，铁锤误中副车，才幸免于难。他又收集天下兵器，熔了铸成十二铜人。

相传，他曾经将它们逐一排列陈设在阿房宫门外。

另外，秦始皇做了皇帝后，第一个登泰山祭天。这种做法，史称封禅。这亦是其后历代帝王登泰山要仿效与天结缘的举动。既象征了皇权，又与天合而为一。

秦始皇希望能长生不老，遂遣方士徐福寻不死药。相传，徐福先后出海两次。因为古老传说云东海有三神山，山内住有仙，炼就不死药。徐福第一次出海之后曾回来，报说海上游有巨兽，要求加大随行武装。另外，又报仙人有个规矩，要以童男童女献祭。于是，徐福要求带领 3000 童男童女，配以船舰再度出海东去。但此次出去后，就再没消息了。相传，他终登陆日本及后做了神武天皇。

秦始皇第五次出巡途中曾到当年与徐福告别的海滩，只是不死药的音信全无，他在失望的回程中病死。

五、宦官改诏，二世而亡

那是公元前 210 年，秦始皇在沙丘（今河北省巨鹿县东南）染病死去，时年 50 岁。史载嬴政自知命在旦夕，召赵高至车写遗诏。他欲命太子扶苏返咸阳参加丧礼接替王位。但太监赵高与丞相李斯却另有图谋，秘不发丧。队伍继续回程，曾因尸体棺内发臭，遂命运载死鱼相随，免使百姓生疑。随后二人私改遗诏，立幼子胡亥为二世。

可是，为了巩固个人皇位，二世胡亥迫杀太子扶苏以及大将蒙恬。然后又尽杀王室其他的皇子甚至公主。

随后赵高又教唆胡亥，以阴谋叛国罪杀李斯。因太监赵高曾是胡亥的老师，胡亥得他暗助登位，是故言听计从。自此赵高操纵朝廷，颐指气使，指鹿为马。这段"指鹿为马"典故是一则生动的中国古代太监弄权的故事。据载，赵高为了对皇帝胡亥显示他能驾驭朝臣的威力，特别命人牵来了一只鹿，并指着鹿对胡亥说："你看这马多好！这是送给你的！"胡亥初不为意，笑着说他错了。但赵高则指着全体朝臣正色道："我错？你问他们，是不是马?!"大部分朝臣都点头；余下的亦噤若寒蝉。

胡亥像傀儡皇帝，一切由赵高摆布，只识穷奢极欲，最后自杀身亡。他只做了三年皇帝。其时，农民陈胜、吴广已经在大泽乡带领群众起来造反，其他地方陆续响应。

赵高于二世死后推扶苏儿子子婴继位。但是，此际造反队伍已由刘邦领军迫近咸阳。三世即位，不敢称"帝"，而改称"王"，是为"秦王子婴"。在随后4个月中，赵高重施故伎，企图续揽朝纲。但被子婴设计杀了，并且尽夷赵高三族。然后子婴于登基后出兵对抗刘邦，战败被囚。两个月后，项羽的队伍血洗咸阳，又火烧阿房宫，连子婴亦杀死。这最后的秦王只登基46天。

秦朝（公元前221年至前206年）自秦嬴政称始皇帝开始至秦王子婴被杀，共传二世、一王，前后共15年，欲传万世之梦破灭，秦朝便这样灭亡了。

第 14 章：汉之建立

一、布衣平民，独占天下

汉朝是刘邦建立的。刘邦本是布衣平民。他最终能独得天下，足可以证明人人可当天子。至少不需出身贵族，也无须诞生于王室。然而，他做了皇帝后却强调"家天下"。自此，皇权只可独占，异姓不可封王，都是由他开始。

刘邦的父亲是农民。刘邦本是游手好闲之辈，并常聚众豪赌饮乐，他父亲称他为无赖。史家美其名叫游侠。至中年才当上亭长，其实是一名押犯吏。后因所递犯人中途多逃去，他难交差，遂释其余，然后聚众山林做无本买卖。秦末年间处处造反，他得萧何帮助，占沛县称沛公。从此，风云际会，竖起反旗，成为其中一支造反队伍。

公元前 206 年他所率的队伍最先迫近咸阳。秦王子婴白马素车持玉玺来献降。他囚子婴，未敢称帝。皆因在众多造反队伍中项羽势大。二人相比对，他仅一比四。逾月项羽进城，焚烧宫室，杀死子婴，自称西楚霸王。封刘邦为汉王，分派到蜀西地。项羽遂南返，称霸于中原。

在随后五年中，刘邦采萧何计，"明修栈道，暗度陈仓"，与项羽再次竞逐，史称"楚汉相争"。最初两年征战，刘邦的收获是得韩信及张良投效，收楚将彭越与英布。但战场上常吃败仗。后以韩信挂帅，北败其他诸王，渐扭转了形势。又过两年，终尽占江北地，定楚河汉界，相约言和。

待项羽南归后，刘邦毁约兴兵，攻项羽于不备。

垓下一仗，汉军大胜。项羽在被围中对虞姬及乌骓悲歌："力拔山兮气盖世，时不利兮骓不逝，骓不逝兮可奈何，虞兮虞兮奈若何！"虞姬洒泪自刎。项羽登上乌骓，与800余骑突围走。又在大泽乡迷路，受渔父骗，被汉军追及，只剩28骑。项羽对他们说："吾起兵八年，身七十余战，未尝败北，今卒困此，此天亡我，非战之罪也！今日固决死，必溃围斩将，令诸君知之。"大呼驰下，斩汉一将一尉，杀数百人，退至乌江岸头，自刎而死。史称，项羽英雄，无人能敌，唯是不能用人，遂败。

公元前202年，刘邦在洛阳登位，称汉高祖。

二、身边谋士，各有传奇

刘邦所以赢得天下，因他懂得如何用人。他收罗了许多奇才异士，各施所长，为他打下了刘氏的江山。

其中张良、韩信、萧何三人常为史家乐道。

在三人中，张良是一谋士。运筹帷幄，决胜千里。于征战时，是一位战略家。他本是韩国的贵族，韩亡之后，计刺秦王，但因误中副车失败。继而散尽家财，力求能够亡秦。据说，他曾在一桥畔遇上一名老翁，对他作出诸般留难，他都能够再三忍让，事后传他一本无字天书。张良后来借此投效刘邦，尤以垓下一战，因制造四面楚歌，使项羽误以为楚兵多降，在心理上早已输了一仗。

韩信是一名将。史家称，韩信点兵，多多益善，有条理。刘邦曾经问他："你看我能带多少兵？"韩答："十万。"刘邦又问："你呢？"韩答："万万。"刘邦于是笑他："你为何又归我？"韩答："你能将将。"韩信在未得志之前，遇上一恶汉挡路，强迫他从胯下爬过，韩信竟能忍辱顺从。这就是著名的"胯下之辱"的励志典故。

萧何本是沛县文书。助刘邦占城号沛公，是刘邦最早的幕僚。特别以掩眼法"明修栈道，暗度陈仓"移兵关中著称。这开始了楚汉五年的相争之局，并主持后方的全盘供粮活动。所以在得天下之后，刘邦说他功高第一。

其他的谋士与将才，还有陈平、曹参、周勃等。他们也都先后各有建树，为刘氏的江山延续作出贡献。

刘邦知人善任，甚至预测后事。他在临终之际，教吕后怎样用人。吕后问："萧相国死，谁令代之？"他答："曹参可以。"又问："其次？"他荐陈平，但说："平智有余，然难独任。"他赞周勃厚重，并言："然安刘氏者必勃也，可令为太尉。"果如所料，逐一实现。待吕后死，正是周勃配合陈平从吕氏手中夺回政权给他子孙。

三、背后女人，掌权称制

刘邦的正妻是吕雉。她在刘邦死后揽权，挟儿专政。她扶植外戚势力，但死后便瓦解了。

吕雉本是富贵人家的女儿。他父亲算是当地的富豪。他常在府内设宴，以贺金分级接待。据说，刘邦曾称携万金到贺，实则身上无一文。吕父闻言，亲迎门外。后见刘邦长相奇，竟然以女儿下嫁。吕雉为他生下一子一女。

在楚汉相争期间，吕雉曾被项羽俘虏，与刘邦父同囚经年。楚汉言和时才获释，刘邦登位时封皇后。她是一个性格深沉的女人，在刘邦死后杀宠妃戚夫人。先断手足，弄残耳目，置于瓦缸，与猪同宿。并毒死戚夫人所生之子如意。吕雉之子刘盈因而不理朝政。吕后揽权，扶植外戚。刘盈在位七年后死去。身后无子，吕后称制。以别人小孩儿当刘盈所生，第一个史称前少帝，第二个史称后少帝。前后九年，由她操纵。她死前，安排吕产与吕禄分掌军政，不持久。由刘邦的旧部陈平与周勃合谋把他们推翻。周勃用计取得兵印，进入军门对诸将说，支持吕氏者站右边，支持刘氏者站左边。言毕众人靠左，至此大局已定。正如刘邦所言，安刘氏者周勃。陈平自己也说："高祖在时，周勃功不如臣；及诸吕诛，臣功不如周勃。"汉文帝登位后分封陈平与周勃为左右丞相。

四、为儿为孙，大杀功臣

刘邦本是农家，佐才亦多布衣。他们由平民百姓及市井之徒，晋身皇帝将相之列，是破天荒第一次。

由于大家出身低微，平日聚会畅饮之后，总有一番闹醉喝打，刘邦亦难加以制止。后按秦朝旧臣制典，规定一套君臣礼节，并于长乐宫落成后执行。群臣都要按照朝仪进退，震恐严肃，不敢喧哗。汉高祖刘邦这时终满意地在龙椅上表示："我今天才知道做皇帝的尊严呀！"

刘邦在与项羽争雄期间，因拉拢个别实力的需要，曾封了七个异姓王。他们各拥兵力，对皇权很不利。为了巩固刘氏家天下，刘邦封了九个同姓王，一方面意在抗冲受威胁的局面，另一方面是要纠正秦不封子弟的教训。又因论功行赏，曾封二十多个侯，然后再设法逐个地剪除。

其中，首当其冲的是韩信。他本被封齐王，刘邦得天下后，因对他不放心，便改封为楚王，要他转移封地。后有人告他谋反，遂被降为淮阴侯。韩信亦知不妙，他说："敌国破，谋臣亡。天下已定，我固当烹！"他被械押洛阳。后来因有旧属谋反，被牵连杀于未央宫。虽然过去刘邦曾经向他许诺，见天不杀，立地不诛，金器不伤，但是吕后用萧何计，骗他进入钟室，以竹箭射死他。

其次是梁王彭越，也是以谋反罪受诛。先是刘邦要平楚将叛乱，曾命梁王彭越带兵同往。彭越推病，刘邦掩至，抓了他返回洛阳，废为庶人。再流放蜀，途遇吕后，又押回都。吕后对刘邦说："你这样做，无疑放虎归山。"以二次谋反罪诛，烹成肉酱，分赐给诸侯示惩。

淮南王英布原亦是楚将，闻韩信及彭越死发兵反。刘邦带兵征伐，两人阵前相遇。刘邦质问英布："你为何要反叛？"英布干脆地答："我也想当皇帝！"交战中刘邦遭流箭射伤，英布败走，未几被妻弟投刘邦骗杀。

刘邦杀英布后，路过家乡沛县，设宴与父老聚。席中击筑而歌："大风起兮云飞扬，威加海内兮归故乡，安得猛士兮守四方！"患得患失，心中仍多顾虑。

在众多功臣中，张良最早引退。虽封为留侯，他谢病不朝，答称："愿弃人间事，欲从仙人游。"从此杜门不出。其实，这是张良知机，隐退保命，得享天年。

被评为"功高第一"的萧何，在刘邦从沛县带兵还都后，亦以意图谋反罪执囚于狱中。有人谏，才获赦。半年之后，刘邦因箭伤复发不治而亡，年66岁。自此，萧何多托病匿家中，但没过两年，便在忧惧中死去。

五、长嫡无缘，旁枝继任

正妻所生长子，传统上叫长嫡。刘邦的正妻是吕雉，生一子一女。儿子是刘盈，他接位叫惠帝。其实他在位时已由母亲吕后背后掌权。后来他索性不上朝，更由吕后临朝称制。惠帝挂名做了七年皇帝，到24岁便死了，他没有儿子，吕后把一个非皇裔的小孩儿当惠帝儿子，挂名接位，是为恭帝，她自己续称制。4年后这小孩儿知道自己身世，埋怨吕后杀他生母，不几天也便死了。吕后再以非刘盈的儿子接位，取号叫做弘帝，她则继续称制。又过4年，吕后死了。两个月后，吕后安排的吕氏诸王被刘邦旧部诛除，并杀弘帝。他们拥立刘邦的第三子刘恒，是为文帝。文帝死后，由第三子刘启接位，是为景帝。景帝死后，由第三子刘彻接位，是为武帝。武帝在位最长，达56年。由此可见，继汉代皇位的实非长嫡。

另外，汉朝共历多少皇帝，也有几种不同说法。不过记录都在那里，只待史家如何取舍。最保守的一说，西汉有12帝，东汉有12帝，因为吕后立的两个皇帝都不算。同时，王莽立的及东汉后期两皇后立的皇帝也不算。

而事实是，共历29帝，至少都是皇帝。西汉有15帝，东汉有14帝。不论时间长短，不论为谁所立，他们都曾经有皇帝名衔。至于吕后及后期的皇太后，即使临朝称制，但却并未称帝，就不该计算在内。

第 15 章：汉之威武

一、汉之大治，众说文景

汉朝是中国历史上第一个长而盛的帝制朝代。

它出现在秦朝的大统一以及农民的大造反之后，既承继了秦朝的大帝国规模，又遭遇到兵戈的大破坏劫难。正是，满目疮痍，百废待兴。所以，当皇帝坐稳了龙位，功臣封侯拜相之余，举国当务之急就是如何恢复国民生产，以及如何恢复社会秩序。

由布衣而成为皇帝的刘邦无疑是知道农民的要求的。虽然他最后组成的不是一个农民政权，但是他应该知道，是农民打垮秦朝的，他当然也没有忘记秦朝为什么被推翻。他不能够完全忽略农民，更不想重蹈秦朝的覆辙。何况，中国以农立国，所谓国民，绝大部分都是农民。于是，一套表面上是照顾农民而实际上安抚农民，而又有利于农业的恢复以及皇权的巩固的"让步"政策便产生了。

他让士兵解甲归田，并且分给他们土地。

于是，本来由农民造反而变成了士兵的人，又回到了田间，荒废了的土地又重新耕种有了收成。生产因而恢复。他又宣布减农民税，同时免去农民徭役。这样也就使他们能专心做他们的农事，可以多享受他们的劳动成果。另外把铁盐归政府管制。这种怀柔做法，史家称作让步。它无疑是封建王朝向农民所作的一种暂时安抚，不但提高了人民的生产热情，同时促进了农业的经济恢复。

另一方面是，大部分士兵解甲了，皇帝乘机削减王侯势力，或者借此逐步集权中央。这是一石二鸟，并起到相辅相成的作用，有助于皇权的巩固及社会秩序的稳定。

高祖刘邦在位 12 年，惠帝刘盈在位 7 年，除了采取让步政策，基本上是无为而治。实行休养生息，努力巩固皇权。只是，刘邦在巩固皇权方面做得比较多。其子刘盈在位期间，实由吕后摄政，实际上无所作为。刘盈死后，吕后掌权，变相扶植外戚，幸好遭旧臣阻止。并且，选了以节俭而闻名的文帝继位，随后，景帝继续其父与民生息的政策。这样，经过近 40 年经营，轻徭薄赋，发展生产；国富民强，安居乐业。

文帝在位 23 年，景帝在位亦 16 年，史称"文景之治"。其实，汉朝的盛世，应推汉武帝。他叫刘彻，景帝之子。

二、汉之威武，共推武帝

"治"和"盛"可以不一样。"治"是四海升平，人民安居乐业。"盛"是威震四夷，皇权在握。有时候盛，只是盛气凌人，穷兵黩武。不过，盛和治亦可以同步，相辅相成。汉朝的情况是：先"治"，后"盛"。治，在文帝、景帝黄老之治期间；盛，在武帝集权中央之后。

汉朝自刘邦建国后，外有北方匈奴为患，内有各地侯王分权。文景二帝以"无为"的不扰民政策来达到与民生息的太平之局。直至汉武帝时，仍

汉武帝像（摹本）。（现藏于北京历史博物馆）

赖和亲和纳币去舒缓匈奴对边境的骚扰；同时，全国境内尚有 140 多个侯王。因此，武帝在位 53 年期间，最先解决的是侯王割据。他用"推恩"方法，特准在承继中兄弟同封，把原有的侯王势力分小分薄；再用"夺爵"手段，以他们每年的助祭献金不足为由，逐一地剥夺爵位并废为庶人。其目的就是削藩，这样直至武帝中期，全国只余下五个侯王。

与此同时，武帝设太学培养知识分子，又以选拔贤能为由，把侯王子弟及豪门贵族排除于中央的官吏之外，从而建立个人亲信集团，遂把皇权巩固在一己之上。

然而，所谓盛朝，总显武功。汉之盛表现在对匈奴的征伐。武帝完成中央集权，就对匈奴开始用兵。他以卫青及霍去病为将，先后 9 次出击匈奴。其中曾发生 3 次大战役，大量用兵，连年作战。第一次于公元前 127 年卫青收复河南地域（今黄河河套）并击败匈奴右贤王；第二次于公元前 121 年霍去病率轻骑攻至祁连山，把匈奴赶出了河西地域；第三次于公元前 119 年卫青及霍去病各统骑兵 5 万，另外马匹无数，深入漠北，分路出击。此次，卫青打败匈奴王单于的主力，霍去病亦追敌千里，打败了匈奴左贤王。从此匈奴远遁，西北威胁基本解除。但是，这一系列战争，汉朝损失亦大。史载，就以第三次大战役为例，除了死伤士卒几万，出征时曾动用 14 万匹马，复入塞者，不满 3 万匹。由此可见，其代价之巨。

同时，由于征战胜利，遂向四邻扩张。

武帝在位 53 年，其中有 50 年打仗。于是，在西北塞外设武威、张掖、酒泉、敦煌四郡。另外，消除南越（今浙江、福建、广东、广西）等地割据。开辟西南（今四川、云南、贵州）等地；并在秦朝帝国疆域的基础上，扩大到东至朝鲜北部、西至青藏。战争加重赋税徭役，导致大量农民破产。因此，即使武帝后期，公元前 99 年，齐、楚、燕、赵等地都曾发生农民造反事件。政府实行镇压期间，官民同时牵连问罪。武帝自己也发布"罪己诏"。所以，一个朝代的"盛"，不等于"治"，道理亦在此。

三、汉之政制，多效秦法

汉高祖刘邦称帝后，有儒生自荐要助他。刘邦就说："我天下都打回来了，还需要谁人来帮我？"对方便答："你从马上得天下，能马上治天下吗？"这说明两件事：一是天下是依靠武力抢回来的；二是管理国家则需要另外一些人。他们是读书人，文人，官场中的精英。那就是说，刘邦还需要一个官僚制度，专门为他安邦治国。

战国时这些人统称士大夫，秦朝以来大部分是贵族子弟，因为知识是上层社会垄断的。有机会读书的庶民相当少。所以，整个统治阶层，除了皇帝，几个侯王，就是这批贵族。他们的本领是出卖才智，分享治权。总之，最理想的是，官凭王而贵，王赖官而存，互相依靠。

汉依秦定制，设三公九卿。三公是：丞相、太尉、御史大夫。一个助理万机；一个助管军事；一个传宣皇帝诏令以及监察百官。太尉后来又改称大司马。九卿，其实相当于皇帝的九大侍从，他们分别各按职权，为皇帝担当随身顾问、传令保安、宫门守卫、车马侍从、司法审判、安排接待、皇室事务、财政收支及宫中内外的杂务等工作。至于地方，分为五级，叫郡、县、乡、亭、里。郡设郡守（又名太守）、郡丞（掌管文书）、都尉（掌管武事）。后并数郡为一州，全国分为十三州。每州置刺史，总管州行政。

当然，皇帝是独裁的；皇权由他掌握。除自己以外，不容他人。就因为皇权的兴废取决于军事的成败，所以，第一个皇帝总担心别人抓住机会打倒他。往往功成之后，努力巩固皇权，大诛功臣猛将。总之，皇位是独占的；死前，家人也不容染指；死后，决计要传给子孙。最好能够这样直至万世万代，以家庭作核心，以血缘来承继。

要做到这一切，皇帝依赖官僚。他一方面要这批人都对他忠心耿耿，服服帖帖；另一方面又要他们对他的皇权无所威胁，乐于当官。这就靠驭臣术。皇帝给官僚了许多特权，一人之下，万人之上，造成双方有依存的假设。另外，又想让他们相信，皇帝礼贤下士，慷慨施恩。的确，汉朝时代，君臣议政，行完礼之后，可以获赐座。同时，不但在朝官僚，就算是读书人，亦免徭役和赋税。当然，做牛做马、朝夕劳动的人，完全是老百姓。

四、独尊儒术，罢黜百家

孔子要多谢董仲舒，如果没有他，儒家学说肯定失传。

这话并非戏言。情况是这样的。秦始皇焚书坑儒后，汉高祖时仍未消禁。文景二帝行黄老无为之治，依秦旧制，沿用法家。后来，汉武帝听取董仲舒的神话，开始鼓吹"君权神授"，并且宣扬"谶纬之术"，甚至同意从此"独尊儒术，罢黜百家"，这才扭转它那迹近绝亡之路。

儒学中的今文经是从年老读书人的口中诵抄出来的；后又传在孔宅古屋的夹墙中发现古文经，大闹双胞胎事件。因今古篇幅文字有不同，争论校正竟吵了千多年。

董仲舒的儒学解释，其实渗进了阴阳论，才有"君为阳，臣为阴"，肯定"阳居主，阴居次"。因此，君臣关系就是上下尊卑，固定不变。又说，君上和臣民的关系，如树的干和枝，自应强干弱枝，绝对不能颠倒。他先肯定了皇帝的高高在上，然后，才搬出了"三纲五常"。以"君为臣纲，诠释政权；父为子纲，诠释族权；夫为妻纲，诠释夫权"来规范"君、臣、父、子"和夫妻的社会关系，并加入"仁、义、礼、智、信"作为道德标准，俗称为"名教"，再冠以"天意"，将这一切说成是天上神的意旨。于是，先把皇帝安排作为上天的代言人，然后，变相地暗示这个天子是神委派的，这也就是"君权神授"。谁不希望有神作为靠山，谁不愿意充当神的代表？中国历朝的皇帝推崇儒学，最大的原因也就在此。

至于谶纬之术，更是神乎其神。儒家学者把"谶"和"纬"假托是上天与人间沟通的方法与言语，并且时常以天灾横祸或者自然界的奇景异象来昭示神的喜怒。另外，因为"与天同者，大治；与天异者，大乱"，文士儒生遂借解读 "谶" 和

四书合集

"纬"来左右皇帝某些取向，劝他赶快顺从天意，另作选择。儒学自此更重要及神化起来。由学说演变为宗教，就因为这谶纬之术。但孔子生前从不讲鬼神，他说"未知生，岂知死"，因而这对他是一大讽刺。

秦朝曾有焚书坑儒，历代都为他们叫冤。而事实是，无辜坑人，历史常有；焚书禁书，例子亦多。儒家自汉武帝以后，借政权来罢黜百家，而且延续了两千年，却少有人敢言不当。这无疑是大怪事，亦反映出儒家不仁。

历史的记载和解释时常存在许多片面。作为新一代，应该多推敲，从一个崭新的角度观察过去的问题。

五、汉之文艺，史记立范

汉朝文学以"史"最著名，司马迁作《史记》立范。

中国人的历朝纪录，过去习惯提《二十四史》。其中，史记列首，是通史范本。继而班固亦著《汉书》，开始了断代史先例。从此续有后继人，朝代史都仿此写。依照史家推崇，现时算入这系列的，已增至二十六史。

史之外是赋，即押韵骈文。汉时的名家有司马相如及王褒等。赋可说是春秋后期屈原楚辞的新发展。直追项羽的《虞美人》，以及刘邦的《大风歌》，只不过句中少一个"兮"字。司马相如以《上林赋》（歌颂天子游乐）及《长门赋》（描写弃妃怨情）得官受宠；王褒以《僮约赋》（暴露买奴契文）的刻薄，讽刺滑稽，触及下层。所以，"合词组以成文，列锦绣而为质，一经一纬，一宫一商，乃赋之轨迹也。包括宇宙，总揽人物"。这是司马相如说赋之句，可见"汉赋"配乐而诵。后有李延年献民歌，唱出"北方有佳人，绝世而独立，一顾倾人城，再顾倾人国"。因武帝设立"府"，将民歌套入"乐"，就有了"乐府"。其实是民歌夹曲的唱奏。这类作品，最著名的有《上山采蘼芜》及《孔雀东南飞》，同是描写弃妇悲吟。这种以歌述事，传到南北朝时，志怪传奇随而增加。南朝乐府留有《子夜集》，多"痴心女子负心郎"的故事；北朝乐府有《木兰辞》，歌颂女英雄花木兰代父从军。

中国的传统诗，约分五言七言。中国诗歌，源于《诗经》，尽是四言，世称《古诗》。汉时仿此，毫无突破。至三国时，才生变化。应是曹氏父子（曹操、曹丕、曹植）及"建安七子"（孔融、陈琳、王粲、徐干、阮瑀、应场、刘桢）架起了两汉（西汉、东汉）至六朝（魏、晋、宋、齐、梁、陈；或应以"吴"代"魏"，因均以"建业"为都城，故有此称）的那道文学桥梁，将诗、赋、乐府再发展。

不过曹操写的"对酒当歌，人生几何？譬如朝露，去日若多"，依然是四言诗；曹植写的那首《七步诗》"煮豆燃豆萁，豆在釜中泣，本是同根生，相煎何太急"，已是五言。孔融亦用五言："座上客常满，樽中酒不空。"众人中以曹植最具才华，他还写赋，有《洛神赋》，是描绘他心爱的女子甄氏之作："翩若惊鸿，宛若游龙。荣曜秋菊，华茂春松。"这是此赋的开头，奇幻又绮丽。到六朝时，多了陶潜与谢灵运。陶潜善写田园生活，留有"采菊东篱下，悠然见南山"。谢灵运则长于山水刻画："池塘生春草，园柳变鸣禽。"全是五言。沈约创"四声"，定"平上去入"，为《唐诗》与《宋词》提供了韵律基础。

第 16 章　汉之衰亡

一、汉之大患，外戚弄权

汉之内政大患，来自外戚弄权。其实，在中国的帝制史中，历朝历代走向衰亡，都可归因于三类人物，一是外戚，二是叛将，三是宦官。汉之衰亡，患在外戚。

外戚，就是借皇后的缘故，与皇室有血缘关系的人。外戚所以能够进入权力中心，更多的时候是皇后得宠或者突然掌权，又或有血缘的皇帝或太子年幼或昏庸，需要依靠外戚扶持，而被封官左右朝纲。出于好意，当然是好；暗怀野心，那就不妙。祸患总是源于外戚另有所图。

汉高祖死后，吕后想掌权。太子刘盈登了帝位，大权却操在吕后之手；刘盈死后，吕后更甚。她先后曾换了两个皇帝，把吕家的人都安插进来，掌政，掌兵。但她一死却被朝中旧臣把他们赶走了。汉能续存，算是幸运。但这不过是第一次，外戚准备得不充分，也汲取了教训。

西汉接近末年，情况就不同了。这一次是外戚卷土重来，在朝中抓了权，乘机篡位。那是在公元 8 年时，宰相王莽，废帝称帝，他建立了一个"新"朝。他本是当时皇帝的岳父，大权终于在握，夺取汉的江山。

不过，他只做了 15 年皇帝，就被汉室抢回帝位。所以汉又继续，改称东汉。这一次可说是失而复得。的确是好险，但是，未洗心革脸，汉最后还是因外戚而亡。因为东汉从第三任皇帝开始，又再重用外戚，自此皇权旁落。他死后其幼儿接位太后称制，外舅把持国政，间接地统治着汉家天下。以后，外戚总挑最年幼的太子登位，充当傀儡皇帝；所谓太后称制，就是任她外家为所欲为。这种情况一直轮流不爽，可从以下交替，窥见外戚为祸。

东汉第 4 任皇帝是和帝。他登位时才 10 岁，由窦太后临朝称制，太后兄窦宪辅政。第 5 任是殇帝，由登位至夭亡，依然不足一岁；其母邓太后称制，太后让其兄掌权。第 6 任是安帝，登位时 13 岁，邓太后续称制。第 7 任的少帝只登位 7 个月；是由阎太后称制，太后兄阎显执政。第 8 任是顺帝，登位时 11 岁；外戚与宦官争权，结果还是外戚胜。第 9 任是冲帝，登位时才两岁，其母梁太后称制，太后兄梁冀执政。第 10 任质帝，登位时 8 岁；第二年因骂梁冀是跋扈将军，随被毒死。第 11 任桓帝，登位时 15 岁，梁太后仍称制，梁冀独霸朝纲。第 12 任灵帝，即位时 12 岁，其母窦太后称制，由外戚窦武执政。第 7 任少帝，其母何太后称制，太后兄何进执政。外戚与宦官又不和，朝内权臣继起，杀何进及宦官。董卓废少帝立最后的献帝，自任相国，背后把持；曹操继，挟天子，进入三国之局。

是曹操子曹丕，篡汉自立，建立魏朝。

二、七国之乱，兄弟阋墙

历朝之乱，大乱小乱，多如牛毛，不可胜数。一属揭竿而起，因为官逼民反；生计无路，铤而走险。一是兴兵作乱，多数另有所图；私藏野心，谋朝篡位。

第一类起于民，出于下层求存。第二类源自贵，每涉争权夺利。

传统史家所载，几尽是帝王将相之间的尔虞我诈。汉朝"七国之乱"，就是贵族之间的互相倾轧。

汉初的重点是如何巩固皇权。汉高祖在位时极力削异姓王。加封同姓子弟取代，旨在建藩同卫皇室。他较少考虑亲裔间人人亦想觊觎帝位。至景帝时，诸王坐大。丞相晁错建议削藩，引起他们举兵反抗。最后兵临城下，力言要清君侧。景帝斩了晁错，希望能息兵。但是，诸王想做皇帝，这是夺位战争。兄弟阋墙，贵族交兵。

不过，上阵打仗的是平民，受害的也是下层百姓。因此总是一场场"上利下弊"的战争。因为，无论谁胜抑或谁负，总是上层得益，而下层得祸，生灵受到涂炭。当年这七国就是，吴、楚、胶西、赵、济南、菑川、胶东等同姓封国。此乱发生在公元前 154 年，带头的曾经是吴王，还有赵王、齐王，动员多达 20 万众，结果是诸王战败被杀或自杀，在位当朝的一脉掌权更巩固。

比较少被人从正面提起的另一种作乱。那是大批农民造反，每每风起云涌，然后惨遭镇压。这是"拼以同归于尽之心，寄望再有好日子过。"发自下层，万众一心。又总最后化做烟云，或中途被贵族利用，未得果实。汉朝最突出的这类例子就是"绿林"、"赤眉"之乱。

公元 17 年，"绿林"发于南方（湖北），由王匡等领导；公元 18 年，"赤眉"起于东方（山东），由樊崇等领导。同是皆因王莽期间，朝令夕改，欺诈百姓，又逢旱蝗加添灾害，遂到人人求变地步。于是，出现所谓"士民罢弊，盗贼蜂起"的大混乱。"赤眉"于公元 22 年在山东大败王莽军队，人数增至好几十万。"绿林"于公元 23 年先后攻入洛阳、长安，杀了王莽，推翻他的"新"朝统治。

后来，这两支队伍又联军于公元 25 年打碎了"更始"政权的分裂。

不过，这几场造反战争再后发展，是遭汉家皇室借机加以利用，把力量转移到复朝复位方面。这就是传统史家歌颂的"光武中兴"，建立"东汉"。

三、王莽篡汉，中期断代

汉朝分为前、后，亦习惯称西、东。在超过 300 年的长期统治中，中间曾有断代，史称王莽篡汉。

王莽是汉元帝王皇后的侄子。到成帝时，王皇后变成皇太后，她的兄弟 4 人轮流做了大司马、大将军，外戚王氏封侯者前后 10 多人。然后轮到侄子王莽继任。再传至哀帝时，王莽失势归乡。哀帝死后，凭着王太后再变成太皇太后这大后台，又再复出。平帝登位时才 9 岁，王莽再担任大司马。权力又回到这批外戚的手上。他把 14 岁的女儿嫁给平帝当皇后，遂晋升为皇帝外父。5 年后他毒死平帝，另立两岁孺子刘婴。公元 8 年，篡汉称帝。

王莽改国号"新"。他降刘婴为定安公，让刘婴继续住在宫中。一直到公元 23 年，二人被乱兵杀死。

王莽在位其间，提出诸多改革。他曾发布了两项令：一是王田令；一是私属令。表面上是意图解决日益严重的土地被贵族兼并，以及农民在市场上像牛马般出卖儿女问题。但是，执行官僚都是贵族，谁愿放弃已占田地，于是农民都分不到耕地。另外农民因不能卖儿女来还债，反而变相地被拉去充当官奴，发到边疆去当苦役。夫妻被拆散了，又另行再匹配。

王莽又推出"五均"和"六筦"，是在 6 个大城市内派官员去任交易官。表面上是协助平抑物价，实际上又添了一种剥削。加上他在钱币上一再地改制，由"五铢钱"变到"宝货"，前后更改 5 次，细分 28 级。市场更萧条，百姓怨声载道。受不了的，全都起来造反。

从公元 21 年起，绿林、赤眉的两支农民军势力大增。聚众 10 万，攻城夺地。终在昆阳一役，大挫王莽主力。出身王室后裔的刘玄与刘秀，借农民造反的优势，各自在其中争领导权。公元 23 年绿林军攻陷长安，王莽被杀，新朝灭亡。刘玄抢先称帝，取名叫"更始"，不久为绿林与赤眉这两支农民军推翻。公元 25 年刘秀崛起，定都洛阳，称光武帝。他是刘邦的九世孙。汉朝延续，史称东汉。

四、党锢之祸，宦官得势

汉朝末期的党锢之祸，起于宦官与外戚争权。朝中士大夫官僚因被牵连，遭宦官借口大举囚杀。

外戚长期垄断了汉的朝政，任意废立皇帝，遂使皇帝图反叛。尤其是小皇帝长大，与宫内宦官最接近。于是，同谋献计，助帝夺权。公元159年，桓帝成功地联合太监诛杀了外戚梁冀。梁家大小全部弃市，公卿大臣牵连而死数十人。皇帝除掉外戚，却被宦官控制。因为有功，由得宠变专横，比外戚更恶劣，无恶不作。遂招致朝内士大夫官僚的不满与抨击。宦官既有皇帝撑腰，岂肯就此甘心罢休。便诬指他们为外戚同党，把李膺等200多人投下狱。初时责令终身监禁，后又转为放逐还乡。这样的政治狱，在正史上称为"党锢之祸"。这是第一次。

公元167年桓帝忽暴病而死。窦太后与其兄窦武拥立灵帝。窦武升大将军，令陈番为太傅。外戚又再掌权；想要对付宦官。中常侍大太监曹节抢先一步，他与百多名太监把窦太后和灵帝挟持，关在一密室内，然后假传御诏，以谋反罪捉拿窦武。这其实是一次宫廷内的政变。窦武被迫自杀；陈番身首异处。大权又落到宦官手上。

公元169年曾放逐还乡的李膺与豪门贵族再联手，想把由宦官操持的政权夺回来。只是，这批士大夫官僚又迟了一步，宦官出动禁军，抓起了数百人。全部就此杀死狱中。三年后窦太后死了，宦官们更肆无忌惮。他们又抓了1200人，指为同党，大部杀死。又过了4年，他们蓄意连根地拔起朝内反对的势力，把党人的门生旧部和亲属都一并捉拿，或杀或禁锢。这是第二次党锢之祸。

12岁的灵帝自知无权，乖巧地对众人说："张常侍是我爹，赵常侍是我妈！"他们是掌权的两大太监。他长大后自我放弃，只知在后宫内享乐，成为中国历史上最无赖最无耻最荒淫的皇帝之一。汉朝亦已走到尽头。

五、农民造反，黄巾倒汉

东汉末年，张角创太平道，自称"大贤良师"，以治病向人民传教及组织其造反队伍。十多年间，教众发展到数十万。遍及东汉境内八州。所谓八州，是青、徐、幽、冀、荆、扬、兖、豫等地区。他把教众编成 36 方；大方 10000 多人，小方六七千人，各有"渠师"，但又统归张角领导。他以宗教预言，提出"苍天已死，黄天当立"这一口号来加强教众行动的信心和斗志。张角表示，旧的王朝已濒死亡，新的王朝即将到来。这完全是天意。他又提出"济穷周急"，隐约有与众平均财物的要求。当时宦官外戚交替专权，政治极端腐败，豪强兼并土地。加上水旱虫蝗，兼又风雹地震，农民多破产，正到处流亡。

原先张角预算择日与各地教众们定于公元 184 年 3 月 5 日同一天内举戈造反；亲自数度潜进洛阳刺探。他并与部分宦官有联系，意图利用他们作为内应。又派大方渠师马元义带部分教众集结在洛阳附近，准备届时伺机行动。岂料，竟有人将秘密外泄，马元义等 1000 多人被捕处死。与此同时，各州奉令追捕张角。迫于形势，造反仓促提前。这就是同年 2 月爆发的"黄巾之乱"。张角当时命教众以黄巾裹头，以资识别，故有此称。

据说，"旬日之间，天下响应，京师震动。"张角自称"天公将军"，他的二弟张宝便称"地公将军"，三弟张梁亦称"人公将军"。这些称谓无疑是针对着当时儒家所标榜的"天皇、地皇、人皇"三大传说偶像而设，从而表示他们已控制迷信中的"天、地、人"三界。黄巾攻打官府，捕杀官吏，打击豪强地主。

虽然张角没有依原计划攻下洛阳，但他在河北广宗，先后打败来剿的卢植及董卓所率军队。其他教众亦迅速攻占黄河流域等地方。尤其是波才在颍川一支，曾屡败汉朝的军队。另外，有张曼成所部活跃于南阳（在今河南）；彭脱所部出没汝南（亦在河南）；卜已所部和戴凤所部同驰骋江淮一带。先后或捉或杀汉室各地诸王多人（譬如安平王刘续、甘陵王刘忠）及河南、汝南、及幽州的太守等地方官吏。声威一度大振；后来，情况才渐逆转。8 月张角突然病死。汉朝派皇甫嵩及曹操各率大军分头夹击。黄巾开始败阵，队伍损伤严重。至 11 月，由张宝、张梁所领导的太平军在下曲阳（在今河北）中伏被围，奋战后死。教众 10 余万人或败杀或投河。

其他地区亦告失利，主要首领先后败亡，余部虽散，纷乱未息。

史家一般认为，黄巾造反虽然前后只曾剧烈进行了9个月。但它却是一次地域广泛、编制严密的农民造反活动。不但是开创历史新例，其过程亦极悲壮惨烈。连张角亲自率领的巨鹿地区在内，7支农民造反队伍，顽强战斗，不计牺牲，死亡人数达数十万。黄巾主力失败之后，余众持续20多年，无疑严重拖垮汉朝统治力量。

与此同时，张陵（或张道陵）在巴蜀创"五斗米道"，与太平道同是原始道教，以行医及传道聚徒。其道教原称"天师道"，因规定初入道者要交五斗米，故又称做"五斗米道"。教主张陵死后，传位儿子张衡；到张衡死，又传其子张鲁。在黄巾"太平道"造反期间，天师道的支派首领张修曾率众在汉中攻城夺地，与太平军互相呼应。值刘焉据益州意欲称王，封张鲁为司马，收张修为辅佐。至刘焉死，张鲁自去，一度在汉中建立"天师道"政权，自号"师君"，并设"祭酒"理政。之后他投降汉室，获加封为太守。然后又投靠曹操，天师道归沉寂。另据道教史载，张鲁后又转移至江西龙虎山，继续传教。

第17章 三国鼎立

一、分裂之局，逐渐形成

先由黄巾作乱说起。它虽然没有直接打垮汉军，甚至到最后反被汉军消灭了。但曾将黄巾打败的朝内势力，竟然蜕化为挟持皇帝的权臣。专横跋扈，擅权不法。汉室中的诸王地方势力，亦纷纷各自举旗割据。一时之间，四分五裂。人人都在招兵买马，另有图谋之念。

董卓因镇压黄巾有功，拥兵进入洛阳。另立9岁献帝，自称太师，把持朝政。从而挟持汉朝天子，势倾朝野，号令天下，大封家属出任侯爵。董卓有义子名吕布，用方天戟，勇冠三军，在战场中所向无敌；常侍左右，出入不离，更助长了董卓气焰。无人敢抗，无人敢犯。

王允是汉朝大夫，施计破解这局面。他有侍婢名叫刁婵，年轻貌美，人又机智，遂设下美人计。他先请吕布来府宴，让吕布迷上了刁婵，并且答应将她许配。然后又将刁婵故意献给董卓做妾，从而制造之间矛盾。刁婵常向吕布诉苦，一方面大灌迷汤，背后又指他非礼，终使吕布妒杀董卓。王允掌握政权，也并不好，不久亦被人杀。

曹操亦曾镇压过黄巾有功，尽收青州军残余。占地生息，势力坐大。他在董卓、王允之后，继而崛起，独霸一方，遂迎汉献帝至许昌，从此挟天子令诸侯。末汉朝政，由他把持。至公元208年，他亲率大军南下，志在扫荡群雄，欲统一天下。但在赤壁之滨遇到了抵抗。

赤壁之战，刘备与孙权于此役联手，是古代以弱胜强的著名战例，曹操大败。曹企图角逐天下的计划，就此受阻。他北返后，雄心顿减。虽然无力大举征伐，但是坚守原有地盘，还实在是绰绰有余。孙权稳住长江以南；刘备开始经营西蜀。这便形成了汉后三国鼎立的雏形。

二、魏与曹操，史有争论

曹操被史家称为奸雄，指他是奸诈、虚伪、残忍的化身，也有不少人为他叫屈。尤其他的"唯才是举"（以才干任用），打破旧制"以位命贤"（以身世赐官职），是具进步性的改革。因而，他的阵营中曾出现"猛将如云，谋臣如雨"的盛况。

曹家的祖宗曾是汉灵帝时大宦官的一名养子，官至太尉之职，其父曹嵩袭爵，曹操年轻时任洛阳都尉。公元 192 年，青州黄巾再次造反，他击败他们后，收编余部 30 万人。董卓死后，王允被杀，他接迎献帝至许昌。他在官渡之役，打败地方势力袁绍，北征乌桓，统一北方。公元 208 年，他率兵南下，在赤壁大败，未成王霸之业。

他的一生，爱揽人才，志在天下。例如，他想收刘备大将关羽为己用，在抓到对方后，赐府宅，待如宾，竟还让他过五关斩六将，带着两位嫂嫂，安然逃归刘备。此事后世只称赞关羽"忠"。后来曹操兵败赤壁，选华容道小径逃命，关羽奉命把守，却放他过去了。后世又称赞关羽此举"义"。曹操待关羽好，后世只当权术。还说他特别工心计，如用梦中杀人掩饰。据称，他不许别人私进他帐幕。一次他午睡了，部下有事急奏，一跑入帐内，便被他斩死。然后，他又回床假睡；片刻，才故作醒来。对尸放声大哭，抱歉梦中杀人。是真是假，无从见证。显然他是先发制人，害怕来人行刺。

魏朝（公元 220 年至 265 年），是由他的儿子曹丕所创立的。所以，篡汉，是曹操的儿子，不是曹操自己。他被称魏武帝，其实是追封的。曹丕有意尽取天下，只是没有父亲能干。魏灭了蜀；未能灭吴。所以在历史发展中，魏并没有统一三国。魏朝传了五代，总共存在 45 年。

三、蜀与刘备，文献偏袒

刘备是汉室的后裔，在家天下的观念下，属于所谓正统，屡获史家偏袒。刘备是西汉靖王的一脉，少时孤贫，世居河北。在黄巾造反时，得资助组队伍，参加围剿，初露头角。他曾依附曹操，后又脱离，在乱世中争霸中原。其实他很擅心计，却被称赞仁义，实以谋心为上。最受人传诵的桃园结义，他与关羽及张飞结为兄弟，就是一例，后发制人。他先提议大家爬树来比长幼，自己站在树下，便说树从根生，所以他被另外二人尊为老大。他也广纳人才，礼贤下士；常发心腹之言，笼络部下。

他当时所以能在群雄中脱颖而出，主要是得关键人物诸葛亮相助。刘备三顾茅庐，传为三国美谈。他上门三次去找诸葛亮，终于邀得对方，出来充当幕僚，运筹帷幄，献谋定策。先联孙权抗曹操，取得荆州，再取益州，占据了长江上游。

曹操兵败北返，刘备与孙权斗。关羽误失荆州，退走麦城，被吴擒杀。为夺回荆州基地，刘备以替关羽复仇为名，亲率大军去征吴。连续占地，筑营接寨，长数百里。半年后为吴将陆逊大火攻破，史称"夷陵之役"，吴军大败蜀军，刘备不久病故。他临死前托孤于诸葛亮，子刘禅继位，软弱无能，戏呼阿斗，遂退守成都。

诸葛亮担任丞相，励精图治，五度攻魏境争雄。虽然均未能够成功，却留下前后《出师表》，成为三国时的著名文献。公元234年，诸葛亮在征战途中病死。阿斗人无大志，整天玩乐，浑浑噩噩，自此无所作为。公元263年魏将攻陷成都，阿斗投降，被抓回魏，蜀就此亡。

蜀国，又称蜀汉，开始于公元221年刘备称帝，终于公元263年刘禅降魏为止，共计二帝，持续43年。

四、吴与孙权，长据江南

孙权的父亲孙坚是地方豪强袁术大将。他与兄孙策在父死后续带兵投命袁术。后袁术在淮南称帝，孙策乘机投效曹操，任讨逆将军，获封为吴侯。另友人周瑜等加入，据有江东六郡之地。在官渡之战中，曹操打败袁术。孙策想乘曹操领兵在外，图以突袭谋取许昌未果。公元 200 年，孙策被刺，孙权继其位。势力扩至长江中游。

由于公元 220 年曹丕建魏，而且，刘备公元 221 年建蜀，孙权遂不示弱，亦于公元 222 年自称吴王。

魏、蜀、吴的形势如同三足鼎立，为了各自利益，相互之间有时联合有时对抗。例如，赤壁之役时刘备与孙权联合，之后刘备抢了荆州，孙权始终怀恨在心。当刘备为图扩大势力，命关羽抢曹操地盘，攻陷襄樊，水淹曹军。曹操于是拉拢孙权，上下夹击，孙权联合曹操打刘备。这一役孙权不但斩杀关羽，抢回荆州，随后又在夷陵之役大败刘备。与此同时，他故意向曹操称臣，全为避免腹背受敌。所以当曹操死，曹丕篡汉，自称魏帝，要孙权送其子到许昌做人质，孙权不肯。曹丕出兵攻伐，孙权怕敌不过，又派人去与蜀修好。诸葛亮不想魏独强，又同意出兵牵制魏。三国之局再趋稳定。公元 229 年孙权称帝，国号称吴。

自此吴国多坚守江南，孙权做了 23 年皇帝。他渐变为刚愎自用，信任小人；猜忌朝臣，独断独行。孙权以后的三个皇帝，全都碌碌无能，无历史功绩可言。

公元 252 年孙权病死，幼子孙亮承继帝位。7 年之后，他被朝中权臣废位，后自杀。其兄孙休随被拥立。在位 8 年病死。因他没有立嗣，大臣张布与朱太后商议，改立孙权长孙孙皓。他原是张布的女婿，但是为人凶残成性。他登位后不久，先杀拥立他的张布及朱太后。又杀前任皇帝孙休的四个儿子。棒死张布女儿，即爱妃张美人。荒淫无度，无恶不作。他常召大小朝臣进宫来共宴，席间怂恿太监宫娥多方面对他们加以凌辱，任何抗拒，或有差池，当场棒死，或推出斩首。最后众叛亲离，为晋所灭。

吴国，又称东吴，开始于公元222年孙权称帝，终于公元289年孙皓降晋止，经历四帝，持续59年。

五、重组之局，如此发生

史家说"司马昭之心，路人皆知"。这是指他要篡夺魏。这不过是流言，事实不是如此。中国不少历史人物，总被加上"莫须有"的罪名。司马昭还没有篡魏帝位。

"三国尽归司马炎"，这才是贴切讲法。事情的经过是这样：司马炎的祖父叫司马懿，在魏齐王时任太尉，掌握兵权。魏曹宗室曹爽被封为大将军，为排挤司马懿，把他降为太傅。司马懿长期装病躲在家中。公元249年他趁曹爽离京往太庙的机会，关城发动政变，控制洛阳，挟持魏帝。司马懿杀曹爽，独揽朝纲，废立皇帝。

公元251年司马懿死，大儿子司马师袭爵。魏帝曹芳拟设计推翻司马师的专政。未果，反被废位。但司马师立曹髦后不久即暴卒，二弟司马昭继其爵。因为他对魏帝曹髦呼来喝去，所以朝野传闻，他快要篡位了。所谓"司马昭之心，路人皆知"就是写这段日子。曹髦遂密诏要杀司马昭；消息走漏，终送了命。司马昭立曹奂，仍把相位。公元263年司马昭去攻蜀。蜀兵溃败，刘禅出降，随被押回洛阳软禁。阿斗胸无大志，从此"乐不思蜀"。然后司马昭又染病死了。他的长子司马炎接相位，加封晋王。公元265年他迫曹奂禅位，自建晋朝，魏朝遂亡。公元279年司马炎分兵六路南下攻吴。翌年，破吴都建业，掳吴帝孙皓，东吴亦亡。它是三国中最后被消灭的。

于是，曾经三分了的天下至此又归于统一。

然而，从总的历史发展看，接着而来的300年，是中原政局的积弱期。在传统的历史书上，那是两晋与南北朝。两晋就是西晋、东晋；它们存在了大约150年，主要统治南方。与此同时，北方有五胡16国崛起，分别割据北方。所以，依然是一个纷争的局面。然后，在进入下一个150年时，南方出现"南朝"，北方开始"北朝"。南朝是宋、齐、梁、陈这四个汉人建立的朝代继起继落；北方则是先由北魏统一了16国，然后又内部分化为东魏和西魏，随后又分别被北齐与北周所取代。在此期间，南北对峙，也曾互相征伐，企图达到统一，但都无法得以实现。这段南北大分裂最后由北周一位权臣结束。

第18章 两晋与十六国（上半段）

一、八王之乱，权贵内斗

"三国尽归司马炎！"天下又再统一了？

是的，但不长久。其实，中原真正统一的时间不过十多年。司马炎于公元265年亡魏建晋。直到公元280年才消灭三国中南方的吴国。十年后司马炎死了。传位次子，是为惠帝。公元304年李雄在成都建"成"国；刘渊在山西建"汉"国——这是史称"十六国"的最先两国。后来，刘渊所建的"汉"，由刘曜改称"赵"，史称"前赵"；又"成"国由李寿改"汉"，史称"成汉"。天下又开始分裂了。此时晋皇室发生了八王之乱，司马氏的势力在减退，西晋历四帝而亡。所谓"八王"就是，汝南王、楚王、赵王、齐王、成都王、河间王、长沙王、东海王。所谓"八王之乱"是这样发生的：晋武帝得天下以后，分封了27个同姓王。他们各自拥有军队，兼管地方行政，任命当地官员，就像一个小的王国。晋武帝临死前，传位惠帝，召汝南王（司马亮）入京与杨骏共政，辅助惠帝。据说惠帝是个白痴。杨骏的女儿也就是杨太后，他们撤了汝南王的权，杨氏外戚独揽朝政。但是贾后亦想扶植她的外戚，于是密召楚王（司马玮）入京杀杨骏及杨太后等人。汝南王复权，与楚王辅政。贾后密诏命楚王去杀汝南王，又矫诏杀楚王。这是第一回合。

贾后摄政。惠帝长子长大，封为太子，与贾后有矛盾。贾后废太子又引起内斗。赵王掌兵在京，假意同情太子。他先唆使贾后毒死太子，然后再声称复仇杀了贾后。赵王夺政权后，废惠帝，自称帝，是为赵王篡位。这是第二回合。

但是诸王反对。齐王联合成都王、河间王打败赵王。杀赵王后，齐王当权。出兵参与的河间王不服，于是找长沙王连手打败齐王。长沙王掌了权，河间王又落空。两年后河间王联合成都王，杀长沙王，败东海王，控制惠帝，掌握朝政。河间王终操纵大权。这是第三回合。

公元 305 年，东海王卷土重来与河间王决战；依然被河间王与成都王联手打败。但在翌年，他再接再厉，先劫走了惠帝，再击杀河间王与成都王。至此七王尽死，东海王独掌权。公元 306 年，他毒死了惠帝，另立惠帝弟弟为帝，是为怀帝。这是第四回合。八王之乱亦告结束。

从公元 290 年开始至公元 306 年为止，八王之乱共 16 年，死亡 10 万多人。西晋王朝，国力大损。

历朝皇位的继立争夺战，都是在兄弟血缘间互杀。八王之乱就是一个典型实例。只是，鹬蚌相争，渔人得利。第三者往往可以就这样乘虚而入。西晋经此一段兵戎残戮之后，五胡并起，自北而下，一再攻占西晋都城洛阳、长安，连续俘了西晋二帝，中原纷乱，一蹶不振。

二、门阀制度，富贵世袭

拥有的人，不愿放弃；越多越好，越长越好。他们总是千方百计作出安排，为自己，为后人，希望永世能够安享富贵荣华。门阀制度就是这样产生的。总之，他们最关心的是如何永远保持这种优越地位。

豪门贵族是上层人士的统称。他们世代相传，有钱有势。除了有一定的世袭祖荫，最大的条件是拥有知识。原因是有钱人才有机会读书；做官的除了武将都需识字。过去就是这样，上层终处上层，贵族依然贵族。传了一代又一代，豪门始终是那几家。秦汉以来都如此；改朝换代也不变。因为杀头的是皇族，依旧当官的是豪门。

黄巾大乱，三国争雄，豪门贵族亦曾散落，但经曹丕刻意搜罗，编写族谱，更具系统。他所以要这样做，因利于找人做官。直至那时，人才都是各地推荐进来的，否则难知晓。在谱集过程中，按照门第声势，搞了个"九品中正制"。即是，把天下间那些豪门贵族，依重要的次序分了九等。越久远越高位越多人次做官，也就越能被列为显赫的位置。曹魏后期凭此取士，就变成了只论门第不论德能的选官制。加上大族把持中正职位专门负责编写，便逐步出现了高门与寒门以及士与庶的大区分，固定了贵族与平民阶层。到两晋南北朝，两极分化严重。在朝官中，出现"上品无寒门，下品无贵族"现象；在社会上讲究门当户对。同时为了保持高贵血统，只许在同等士族中联姻，绝对不许与庶族有婚嫁。否则，划为"失类"，受到群起抵制非难。也是靠这样的运作，豪门世袭官职，史称"门阀制度"。

史载，魏晋南北朝时期的大族，原在北方随晋南渡者有王、谢、袁、萧；吴越地区另有朱、张、顾、陆；山东则有崔、卢、李、郑；关中一带还有裴、柳、薛、杨。这些都是一等大族，垄断着当时的政治和经济地位。

越到后期，越畸形。他们生活腐化，处事昏庸，个性脆弱，而且在官职上不懂"战阵之急，耕稼之苦，劳役之勤"；终日只知崇尚清谈，纵情声色，肆意游荡。人人熏衣，剃脸，傅粉，施朱，自命神仙。难怪，真正的风浪来时，多数待毙府中。史载，在朝代的末季，这些豪门世家每被发现只知穿戴珠玉端坐高堂等死。他们甚至不懂得如何去逃生觅食，遑论挽救国家沦亡。

由这样的一大批人治理天下，岂能不弱？

三、符坚南下，败于淝水

分裂是300年积弱期的特色，因此，意图统一是每个雄心者的志愿。在这段时间的中段，北方前秦曾经南下，企图统一南方，但却未能成功。分裂之局依然继续。

必须了解的是，与晋同期，尤其在八王之乱后，西北先后出现过 16 国。更正确是，在北方曾经有 1 前赵、2 后赵、3 前燕、4 前凉、5 前秦、6 后秦、7 后燕、8 后凉、9 西秦、10 南燕、11 北燕、12 南凉、13 西凉、14 北凉、15 大夏，连同西南区的 16 成汉，史书上把他们合称为十六国。其实当时，还有冉魏、西燕、代国、柔然，未算在内。这些大小不一的小政权，都是分别由匈奴、羯、氐、羌、鲜卑等五个非汉民族所建立的，古时统称他们为"胡"，史书上称做"五胡乱华"。

另外，成汉是巴族人建立，属夷，所以，更贴切的讲法应是五胡一夷组成了十六国。其间，前秦于公元 351 年由符健建国后，经符生，到符坚，势力逐渐强大。从公元 370 年起，前秦先后攻灭前燕、前凉、代国，派兵平服了西域，又统一黄河流域，就只剩南方东晋。

公元 383 年，符坚集兵 97 万，分水陆几路来灭晋。秦军迅速夺了晋阳，然后集兵淝水之滨。晋由谢玄领军，据称只 8000 人。他派使要求符坚退后几里，让他渡河交锋，符坚轻敌答允。在撤后时，秦军前后不知实情，以为战败，争相逃命，阵脚大乱。其指挥欲制止，马翻人仰，竟然死了。晋军此时上岸冲刺，秦军更是溃不成军。自此一发不可收拾，所谓"风声鹤唳，草木皆兵"就是当日秦军兵败如山倒的逃亡写照。符坚受箭伤，逃回北方去。他的南下大军，逃跑时多因自相践踏致死，回去的仅 10 万。

打败符坚后，谢安估计兵力不足，没有及时挥军北上。事隔两年，终于发兵，当然亦是希望统一北方。但是，只收复了小部分失地便再也无力北上。随即东晋谢安、谢玄兵权被削，晋孝武帝起用皇族中人掌兵。之后司马德宗接位，楚王桓玄攻入建康，迫帝禅让，建立楚国。翌年刘裕领兵占建康杀桓玄，又再迎回司马德宗，后又将他毒杀，另立恭帝。东晋皇权，落刘裕手。公元 420 年，刘裕迫恭帝禅位，改国号宋，从此开始了南朝。

淝水战败，符坚退回北方，就面临了大叛变。前燕、代国的后人纷纷起兵，反秦复国，各据一方。北方于是又陷入长期的分裂混乱。继而就先后出现了后秦、后燕、后凉等国。之后由分裂而兼并，又衍化为西秦、南燕、北燕、南凉、西凉、北凉、大夏。公元386年，代国于复国后改称北魏。在随后的五十年间，连续消灭大夏、北燕、北凉，于公元439年终于统一了北方。这不但结束了五胡十六国长达136年的混乱局面，也是北朝开端。

四、玄学清谈，佯狂避世

　　两晋与南北朝期间，玄学清谈非常盛行。主要就是因为上层政局反复，朝内强权辈出；另一方面是变相的封建制出现，门阀世袭，社会浮华腐化。所谓有识之士，都是贵族子弟，平日不愁衣食，不知该拥护谁。由于改朝换代频繁，士人总望明哲保身，于是，重清谈而不作参与。积极者，开创玄学之说；消极者，借佯狂来避世。

　　史书多以"竹林七贤"来补述当时的这种现象。"七贤"是指嵇康、阮籍、山涛、向秀、阮咸、王戎、刘伶。贤，是美称；狂，更贴切。其实他们是介乎魏晋时代的上层子弟，当时司马氏控制魏朝，这些人采取不合作态度。他们时常同游竹林之间，不愿做官，纵饮避祸，空谈玄学，清高自诩，因而"竹林七贤"之名就这样产生了。其中，嵇康仍逃不过司马炎的诛杀；刘伶经常大醉，脱衣露体见客。实在是狂傲放纵，并借此保命，既颓废又败坏。

　　所谓玄学，实为虚玄之学。他们强调"以无为本"；认为万事万物产生于"无"。它很神秘，"道之而无语，名之而无名，视之而无形，听之而无声"。但它神通，创对象成事务，能产生一切，又主宰一切。将它用在政治上，就是"无为"；或称"自然"。所以，统治者应无为而治，老百姓应无为而处。换一句话，即是让存在的继续存在下去。于上层是，门阀秩序继续；处下层是，顺天知命，不要抵抗。对于封建社会内奉行的三纲五常，则认为"名教出于自然"，名教亦即自然。人的尊卑上下关系，不但合乎自然，而且生而固有。这就是名教与道的结合。

当权的统治者当然喜欢这种解释，在野的贵族们也从中找到了借口，逃避现实，标榜清高。以参与俗事为耻；以无所事事为荣。平日讲究漂亮的容貌，潇洒的风度，装腔作势，自比神仙。他们最推崇的著作统称《三玄》，即是《老子》、《庄子》、《易经》。前两者是道书，后一本是儒经。清谈的内容是极力不涉人事。大家围坐，滔滔不绝。讲得不着边际，玄之又玄，绝不评论时政。难怪当时有人坦言讽刺：玄学，不过"春蛙秋蝉，聒耳而已"。有人出来驳斥这样的歪风。针对着"无"，有人就主张"有"，并写了"崇有论"；认为"无"是"有"的一种表现。另外，还有人写了"无君论"来反驳"名教的自然"这一歪论；指出，人在社会"本无尊卑"。又说，古代本就无君无臣，不分高下，没有聚敛，没有严刑，但是，后来出现君臣，才有压迫，兼有反抗。他说在君臣制度下，"人主忧栗于庙堂之上，百姓煎熬于困苦之中，闲之以礼度，整之以刑罚"才是滔天激浪之源。

玄学清谈如同玩物丧志，只为贵族糜烂生活遮丑。当门阀制度逐渐被时代淘汰，玄学也就随之衰落。

五、石崇比富，糜烂荒唐

石崇与当时的权贵比富这段故事，史有明载，历代争传，是西晋时富贵人家最无聊的挥霍。它记述了上层贵族的荒诞与奢豪，亦反映出当时社会的腐化和黑暗。

石崇是西晋初期的官僚，早年文武双全，官拜荆州刺史。据说，他致富的快速方法就是在担任刺史时，派人去打劫往来的富商及外国使臣。中年以后，成为首富。当然仍离不开巧取豪夺，不择手段抢夺奇珍异宝。最为人乐道的是他在一次出使交趾时，以三斛明珠买一美人，善笛能舞，名叫绿珠。回来养在金谷园内，筑万丈楼供她远眺。石崇自己能诗，常得绿珠谱曲，因而羡煞权贵。

当时外戚王恺，是皇帝的舅父，爱与石崇交游，二人经常比赛，斗富竞奢。史载，王恺每餐花两万钱，仍嫌菜式不丰；因为发现石崇吃的比他更加奢侈，王恺便叫家仆以饴水洗锅、以人乳来养猪，博取肉色美味；又叫人以丝缎从门外起架设 40 里长布廊，以显富贵。然而，石崇曾以白蜡当柴；派婢女端香持服在厕所替客人们洗擦更衣；又以织锦在门外盖了 50 里更华丽的步障迎送。因此，当时人都认为，王恺还是不如石崇。不过，王恺还有皇帝这个亲戚，便去后宫要求帮一个忙。晋武帝把一株二尺的红珊瑚赐给王恺。他拿了就迫不及待地去石崇那里炫耀。岂料石崇看了一眼就将它打碎了。王恺提出要赔。石崇便说这很容易，然后叫人入内搬出了十多株珊瑚，而且更大更美。王恺只好甘拜下风。

史书另载，石崇不仅挥霍无度，而且视人命如儿戏。他请客时每以侍女吹曲伴饮，若有错韵，就命人拉到台阶下打死当罚；同时又叫侍女劝客人饮，若是多劝不饮，获罪丧命者多的是。这些暴行竟没人当回事。

八王之乱期间，赵王司马伦的手下孙秀看中了石崇的绿珠，求索未许，于是矫诏，以石崇私通河间王谋反罪，发兵来围困石崇的金谷园。石崇在万丈楼对绿珠说：“我今因你获罪，你说怎么办？”绿珠就越窗跳楼死。但是石崇亦被孙秀擒杀。财产全数充公，八千奴仆获释。

后人记得石崇，多不是因为他的富贵奢华，而是惋惜绿珠因他而死。唐朝著名诗人杜牧，曾经写有：“繁华事散逐香尘，流水无情草自春，日暮东风怨啼鸟，落花犹似坠楼人。”就是描咏这段故事。像石崇这类人西晋时不少，腐朽的王朝已步向灭亡之路。

第 19 章：南朝北朝（下半段）

一、孙恩造反，卢循变志

　　由两晋到南北朝时的转折期，曾发生过一段不太引人注意的叛乱，史称"孙恩造反"，值得在此一谈。别低估它的重要性。其实，倘若孙恩成功了，刘裕未必能够坐大，也未必有南朝，历史就改写了。这宗历史事件，在一定程度上可以与北宋南宋交接时期的"岳飞之死"，及清代中期太平天国的"天京事变"有同样的关键意味。但史家却对它故意忽视，又贬多于誉。

　　孙恩是孙泰的侄儿，父亲被诛时，侥幸逃生，投靠叔父，依然信奉道教。其叔父死，他承继了他的教众组织，退到海上。然后找到机会集众重来复仇。由于这支队伍渗有浓厚宗教色彩，好像汉末时的黄巾，一时间追随者无数。据史书说，他们都曾是五斗米道的教众，后来又渗入了一大部分农民。其实，中国下层多是农民。这支造反队伍经常从海上来，神出鬼没，十分神秘。

　　从公元 399 年起，孙恩带领其队伍攻占会稽郡，与当地的作乱农民一会合，更得到江南沿海地域的响应，10 天之内竟然发展至十几万。孙恩自号征东将军，游走于长江的下游。东晋曾派谢琰率兵去追踪与围剿。几度交锋过后，孙恩退回海上。在随后两年间，孙恩又多次攻袭会稽郡晋军，并杀郡守县令，再杀主将谢琰，并于公元 341 年扬帆千艘，沿江而上，迫近东晋朝廷建康，朝野震动，由刘裕率北府军去抵御。孙恩又再退回海上。

　　公元 402 年，东晋权臣桓玄割据，攻下建康，立楚称帝。孙恩再次率众登陆，但这回失败了，他最后投海而死。当时陪他蹈海者数百人，都说是要随他升仙而去。

孙恩沉海死后，卢循接替领导。他浮海南走经年，后借机会占领广州，队伍很快又壮大起来。与此同时，东晋刘裕赶走桓玄，占回建康后又恢复晋帝，由他掌权。

公元410年，卢循与他的妹夫徐道覆分兵两路攻下长沙，顺流而下，威胁建康。适逢刘裕领军北去攻打南燕，建康因而空虚，形势十分不利。刘裕遂假意劝卢循归顺，许以官爵。卢循心动，休兵候讯。徐道覆屡催他进攻，未被接受；待刘裕带兵南回后，两军对阵，卢循才知受骗。他欲回师广州，却被晋军所占。卢循于是转战交州，最后阵亡。徐道覆统率的队伍亦为刘裕大军所灭。

历史是无情的。成者为王，败者为寇。孙恩、卢循这段民间聚众造反的史实，便因为失败而少被史家重视。不过他们的追随者依旧散潜民间，问天寻道，续求神助。700年后道教在宋代再次兴起，最后融入道佛儒的三教之中。

二、刘裕称帝，寒门继起

刘裕于公元410年消灭了南燕，411年镇压卢循，413年打败谯纵，417年消灭后秦，420年废东晋恭帝，自建宋朝，称宋武帝，仍以建康为都，南朝就此开始。

所谓"南朝"是东晋以后在南方建立、轮流交替的四个以建康为都城的朝代，它们依次序是宋、齐、梁、陈。第二个特色是，它们的疆域大致都在黄河以南。第三个特色是，他们都是汉族后裔，而且全部出身寒门。就因他们并非贵族子弟，即使做了皇帝，仍被豪门轻视。所以，在南朝百多年的交替期间，都曾刻意地逐步贬低贵族。对此有诗咏："旧时王谢堂前燕，飞入寻常百姓家。"

刘裕当了两年皇帝便死去了。他的继承者绝大多数是暴君。子孙为争帝位，经常骨肉相残。刘裕9个儿子，善终的仅一人。文帝刘义隆有19子，孝武帝刘骏有28子，死于争位者十之八九。共历8帝，60年亡。

篡宋建齐的是萧道成。他是将门之子，掌握宋的兵权。

公元477年，他派人杀宋后废帝，另立宋顺帝，并由他执政。两年后迫顺帝禅让，自当皇帝，建立齐朝。他也两年后便死了。传位长子武帝，叫他别杀兄弟。武帝做到了，但他死后，其侄谋了位，就大杀萧道成子孙。他叫萧鸾，传位萧宝卷。他在位仅三年，爱杂技，不理政，朝臣欲谋政变，反被他全杀了，然后又杀宗室。遂引起各地反。萧道成的族弟萧衍于公元500年攻进建康，废萧宝卷，立萧宝融。一年之后，废萧宝融，自己称帝，建立梁朝。齐历7帝，共24年。它是南朝中最短的一个朝代。

萧衍是梁武帝，在位48年。但是，他死后仅8年梁朝便灭亡了。而且竟然先后换了8个皇帝，其间皇位交替之频实属罕见，亦反映出政局的动荡和不安。

萧衍本人十分节俭，早期政绩亦算清明。唯是他容亲人放纵，几被谋位。后期转而向佛，曾经四次出家，又献赎金还俗。广兴寺院，僧尼剧增。史载，"天下户口，几占其半。"仅建康一地，数达十几万。然而最大的祸害是，他纳东魏降将侯景，并封侯景为河南王。东魏派兵向他讨人，侯景反戈杀入建康，饿死了萧衍，操纵着梁朝。4年内废立了梁朝几个皇帝，史称"侯景之乱"。

公元552年，梁朝大将陈霸先击败了侯景，总揽朝政。5年后废杀梁敬帝自立，称陈武帝，建立陈朝。

陈霸先在位3年后死去。陈朝是南朝最后的朝代。共历5帝，33年。最后一任皇帝是陈叔宝，他以荒淫玩乐而致亡国。花天酒地，尤好音律，曾创有《后庭花》一曲常命宫女习唱。直到京城破了，他带妃躲入井中。终于被人发现而束手就擒，陈朝与他就这样走到尽头。

三、北朝换代，鲜卑兴起

北朝由北魏建朝开始。北魏后来分裂成东魏、西魏；及后，东魏又为北齐取代，西魏亦演化为北周。然后，北周逐渐强大，终于消灭北齐，再度统一北方。

北朝时期内的几个朝代，全是汉化后的非汉外族。其实，东汉以来，匈奴衰落，鲜卑一族代而兴起，成为中原北边的势力。公元386年，鲜卑人拓跋珪受到拥戴，重建代国。同年，改国号魏，史称北魏，与晋决裂。但是，他大量用汉人做文官，接受汉的封建制度，改变原来游牧生活，变为地主，实行农耕。公元423年，魏太武帝继位，逐柔然至漠北。凭着鲜卑人的剽悍战无不胜，武功达到北魏高峰。接着，431年灭大夏；436年灭后燕国；439年灭北凉，统一北方，结束北方十六国的长期分裂。

公元450年，魏太武帝亲率大军南下攻宋。但却无法破城，只在外围抢掠。翌年回兵北返，抵魏后遇刺死。北魏遂由盛转衰。魏文帝迁都洛阳。因与南朝齐国接近，双方三度发生战争，屡次打成平手，南北只可对峙。魏文帝在罢战回程中死去。继而内乱迭起，西北六镇哗变。

六镇本是军事重镇，为挡柔然东犯而设。镇将都是鲜卑贵族，深受汉化，倒戈反魏。大将高欢攻入洛阳，北魏孝武帝逃长安。高欢立孝静帝，迁邺城，掌朝政，史称东魏。公元550年，高欢子高洋废东魏，建立北齐。

与此同时，六镇中另一大将宇文泰在长安杀魏孝武帝另立文帝，史称西魏。公元557年，宇文泰子宇文觉废西魏恭帝，建立北周，仍以长安为都。3年后其弟宇文邕接位，称周武帝，国势逐渐开始强大。公元577年，终于打败北齐，北方又再统一。在整顿国政过程中，推行灭佛政策。翌年突厥进犯边塞，武帝领军亲征，在半途染病而死。自此北周军政大权落入外戚杨坚手中，他换了两个皇帝后，决定自己登基。公元581年杨坚迫 9 岁的顺帝禅让，建国号隋，北周遂亡。这亦结束了北朝的长期分裂局面。

四、道佛发展，四派奇辩

两晋、南北朝的 300 多年间，道教和佛教都曾有一定发展，与两晋的玄学及儒家的礼制既斥又融。从思想角度看，大致分四派两阵营。四派是：儒、佛、道、玄。两阵营是：一方面是儒学，另一方面是佛学。道，附于儒，排斥佛；玄，与佛合，不尊儒。玄与道亦有别。

其实，道佛两教起于东汉。道，因与作乱者经常有关未获当朝吹捧；佛，则由于来自外国每遭儒道中人贬弃。历经三国、两晋的艰难发展，到南北朝算是进入飞跃阶段。北魏时佛教发展特别快，留下许多寺院石窟古迹。但同样在北朝，也出现过两次灭佛行动。一次在（公元 446 年）北魏太武帝时，另一次在（公元 574 年）周武帝时。由于两个皇帝都叫"武帝"，是佛教史称"三武一宗之劫"的最先两劫，第三劫在唐武宗时；"一宗"发生在五代周世宗时。北魏太武帝灭佛是在他攻打北凉时候，当地和尚曾经大举参战守城抵抗。他破城后，骂他们贼。到北周时，周武帝认为寺院僧尼太多，同时许多人全为逃避徭役，严重影响经济生产，遂令他们还俗，部分编入军兵。不过，在同一个时代，南朝的梁武帝却曾弃道崇佛四度出家。总之，无论道佛，在南北朝时期，既有好景，亦有逆境。

儒与佛时常起争论。佛教认为人总要死，所以，鼓吹放弃现世人事，好为死后作出打算。在生逢乱世的年代，对庶民具有吸引力；既可借此逃脱现实之苦，又可避免轮回报应之虑。但是，儒家基本否定有神。因此，针对"神灭"与"神不灭"，齐梁范缜作《神灭论》反驳。同时，针对轮回，南宋何承天作《达性论》提出"生必有死，形毙神散，犹似春荣秋落，四时代换。怎另有形？"范晔亦说："死就是灭，天下绝无鬼神。"特别是在礼制的问题上，僧人拒跪皇帝，归因弃俗出世。儒家认为这是大逆不道，破坏伦常尊卑；若真要弃俗，何不死了算？

另外道与佛亦不和。西晋时有道士王浮著《化胡经》，说老子到天竺成佛，直指佛是老子化身。佛教则以"清净化行经"来回驳，内说佛遣三弟子到震旦（中国）教化，儒童菩萨即孔子，光净菩萨即颜渊，摩诃伽叶即老子。道士顾欢作《夷夏论》，辩释"夷（即佛）不适用于夏（即汉）"。另有张融作《三破论》，谴责佛教"入身破身，入家破家，入国破国"。总之，互相诬蔑，少涉教义。

玄学与佛教之间没争论。因为清谈之士多属当时贵族，既要生前享现世之乐，又愿死后享来世之福。与此同时，玄学虽然崇尚《老子》《庄子》《易经》这些著作，但是道家追求长生，希望有不死药，或是肉体长存，最后炼就"一人得道，鸡犬升天"。玄与道，又相同。

就是这样，四派之间既有排斥亦有融合。儒佛双方渐渐走向并存，道教之士反而要隐居深山。

五、北周宏图，未竟之业

前人铺路，后人享福。历史上的丰功伟业，许多亦曾经如此。中原大地长期分裂，至北周时渐起变化。而实际上，北周的建立很特殊。本来图谋篡夺西魏的人是宇文泰。他是西魏权臣，操纵当时朝政。但是他还来不及自己当皇帝便病死了。他的侄儿宇文护扶持着他的第三子先承继了西魏爵位，然后又协助他篡位建立北周。宇文护自己仍担当着摄政的角色。所以，从一开始北周朝政便被把持在他手上。第一及第二任的皇帝都只是傀儡，而且先后被杀害。第三位接任的皇帝宇文邕是宇文泰第四子，史称周武帝。他花了13年时间终于把实权抢了回来，开始真正亲政。他有更大的宏愿便是要统一北方甚至统一天下。他施行改革措施，对后世有较深影响。

譬如，在整顿经济时，他先灭佛灭道，主要目的其实是令全国僧道还俗，或参与生产，或编入军兵。同时改寺院为私宅。因为当时的僧尼道士实在太多了，他们有些只是为了逃避徭役，而且寺院享有免税特权。据说，他在灭佛灭道行动中没杀人，之前曾办过几次宗教义理辩论，广邀儒、佛、道、玄参加，他自己也出席答辩。另外一种改革是把农民与兵一同编制，叫北府军，很有创意。他的构思是把农民与兵结合，战争时是士兵，休战时是农民。他没有多少时间去贯彻这种创制。因为他不久后先用他们去攻北齐；之后又企图用他们去抵御北犯的突厥，在他领兵北征因病折返后即死去。

史载，公元 577 年北周武帝灭北齐时，他使北齐境内 300 多万僧徒还俗，同时把寺院变私宅，并且释放全部奴婢和杂户做庶民，或成农夫，或充士卒，大大地增加了农业生产力和军队战争力。他消灭了北齐，统一了北方。本来也曾考虑一举挥军南下，攻打后陈，统一中原。但是，此际边塞外的突厥来袭，他就决定首先巩固后防。然而天不假年，翌年染病身亡。

他的儿子继位，是为宣帝，荒淫而不长进。只一年便把帝位禅让给儿子，自己做太上皇。又一年便病死，实际才不过 22 岁。他的儿子静帝 6 岁时已登位，军政大权转由外戚杨坚把持，他是皇太后杨丽华的父亲。杨坚的祖先原是西魏六镇反将之一，曾经镇守武川。换言之，他是鲜卑贵族的后裔，不过已经深受汉化。杨坚以外戚而专权，3 年内废顺帝自立，建国号隋，称隋文帝。他不费一兵一卒接手了北周统一的北方，这对他随后能统一整个中原无疑事半功倍。他承继了北周创造的半壁中原，又趁势南下灭了陈朝，就此结束南北分裂，中国大地再统一，开始了第二个大循环。

第 20 章 隋

一、杨坚建隋，带头节俭

隋是中国帝制史中第二个大循环的起点。隋是一个强的朝代，是重新统一了中国南北分裂局面的朝代。

隋的创建人是杨坚。他在中国历史上以节俭著称。但是，正是这个极节俭的皇帝，又讽刺性地，后来由一个极奢侈的儿子承继了他的皇位。

杨坚是南北朝期间北朝之中北周王朝周宣帝的外戚重臣。杨坚的女儿杨丽华是皇后。宣帝死后，传位给其幼子，是为静帝。杨坚以皇太后之父身份，身兼左丞相及兵部尚书的职位。独揽北周朝政，清除皇室势力。翌年，迫其外孙皇帝禅让，自己坐上龙位，并改国号叫隋。隋是他的"隋国公"封号，历史上称他隋文帝。

他是一个能干的人，而且非常重用人才。他从公元 581 年取代北周建隋开始，以 9 年的时间，北逐突厥，南灭陈朝；公元 589 年统一中国，结束南北分裂的局面。

杨坚在政治上，采取中央集权，设"三省"制，即尚书省（下设六部：吏部、户部、礼部、兵部、刑部、工部）、中书省（审议）、门下省（纠核）。而且，简化地方官制，只设州县两级。同时，罢免九品中正取仕，实行科举考试选才。恢复均田、府兵二制，轮番宿卫，兵农合一。

另外，他于公元 583 年曾下令在全国举行一次人口普查，计有壮丁共 40 万，人口编户达 136 万。

杨坚带头节俭，最恨贪官污吏。据说，他的衣服破了，经常补了再穿。日常饮食，肉只一碟。外出遇人上表，必停下来亲自问讯。即使六宫妃嫔，也一律穿旧衣。

不过，他到晚年，尤其在他的皇后死后，转向奢华，处事昏庸。杨坚本有 5 个儿子，都是独孤皇后所生。杨坚登上帝位之后，立长子杨勇为太子。后因误听宠臣之言，认为长子好色奢侈，将他废免并加囚困，改立次子杨广。后来，当他发觉次子杨广为人恶劣时，拟设法纠正，却为时已晚，他被杨广所弑，死时 64 岁。

二、杨广弑父，荒淫奢侈

杨广登位，是为炀帝，他是中国历史上著名的暴君。不但弑父杀兄、夺取帝位，而且荒淫奢侈、十分残暴。

为了承继帝位，他常做出种种姿态，外表装出节俭，博取帝后欢心。例如，他的府宅陈设简单，衣着故意不大讲究。每当帝后来访之前，他还故意把府内的乐器弄得残缺不全，甚至刻意蒙尘，放置在墙脚。另外，由于独孤皇后限制文帝亲近其他妃嫔，杨广也就装出自己不好女色，除了正妻所生的子女外，他残暴地把自己同其他妃子所生的子女全都偷偷害死，以示对正妻专一。

同时，他知文帝宠信大臣杨素，先极力讨好杨素的家人，进而说动杨素与其同流合污。自此以后，杨素在帝后前大说他的好话，博得帝后欢心，力贬太子杨勇。

公元 600 年，文帝终于废掉杨勇，改立杨广。

公元 604 年，文帝病重，卧床不起。杨广进后宫奸污文帝的宠妾。事后妾哭诉于文帝，文帝怒极晕去，醒来欲改遗诏。又刚好有太监错把一封杨广写给杨素的如何提早安排登帝位的信笺发到杨文帝处。文帝遂立召兵部尚书及黄门侍郎起草文书，拟废掉杨广而重立杨勇继承帝位。但此事很快便被杨广知道了。于是，杨广先派心腹率士卒把守宫门，并与杨素密谋伪造圣旨，捕杀兵部尚书及授命起草诏书的黄门侍郎，接着遣心腹进东宫杀死文帝。

之后，杨广又伪造文帝的遗诏，处死太子杨勇，并且诛其十子。随后又尽杀他自己的其他亲兄弟。

公元604年，杨广登帝位，是为隋炀帝。

三、巡游江都，开凿运河

中国历史上的暴君不少。但是，杨广的暴行更令人神共愤。他嗜杀，他虐民，既好大喜功，又奢华浪费。总的一句，他是中国古代历史暴君之中最大的纵欲者。

他接替其父登位后，大杀当朝开国功臣，如曾协助杨坚建朝的高颖及薛道衡。杨广不接受谏，言者处死。

隋朝都城设在长安。隋文帝加建大兴城，即是今日西安。但他嫌城太小，决定迁都洛阳，改建后作东都。他命人挖护城河，绕周50余里。又在西郊兴盖离宫西苑，辟200里人工湖，湖内堆建三仙岛，上筑亭台楼阁。他后来多住在西苑，尽情享乐，并从那里三巡江都，即今扬州。他曾赋诗："我梦江都好，征辽亦偶然。"爱水上之游，命开凿大运河。费时6年，动员民工百万。连接了黄河长江，贯通了南北诸水。可通龙舟，北发北京，南达杭州，全长1747公里。因嫌有些地方在挖掘时不够深，他曾经一怒下令坑杀民工5万。工程中男丁不足，妇女亦被迫服役。

除了建造船舰，又沿江盖宫殿。大小船舰以千百计，船楼高耸，雕龙贴凤。因为除了皇后妃嫔相伴，还有大小官宦护驾追随。此外管乐陪奏，宫娥旦夕献舞。沿途浩荡迂回，场面喧闹不已。他在这些水上浮宫花天酒地，随行龙舟浮江连绵200余里。因江浅船舰高重，又驱民沿岸拖曳。史载，拉船壮丁8万。当然，巡骑两岸，兵围将拥，旌旗如林，遮蔽四野。又是另一番官驱赶民的情景。

他曾先后三巡江都。每次都是如此坐船。亦曾有记录说，他用万女拖舟。权力使人腐化，历史一再证明。另外史载，他出巡所过的州县，均要当地负责饮食。而且，还有严格规定。如不符合要求，官民同样问罪。因此，到处官逼民反，百姓倾家无数。山珍异禽剩余后则埋地作废，这又造成另外一种无谓浪费。于是巡游前后，万户逃亡避荒，更是司空见惯。有些地方，连小官都跑了。

广大百姓，或被拉去当兵打仗，或被拉去开河盖殿，男女兼征。

四、三征高丽，围城不克

隋炀帝好大喜功，为了炫耀武功。除了成功地先后 3 次派朱宽、陈稜、张镇周等击占琉球，亦曾三征高丽，但都未能攻破。后因劳民伤财，反而加速灭亡。

公元 611 年，隋炀帝为远征高丽先作筹备。他在山东东莱造巨舰 300 艘。为了赶工，派官督役，日夜不停。民工长浸在水中，自腰以下皆生蛆，死者十之三四。又从各地征水陆兵，命全部集中至涿郡（今河北涿州市）。同时，调发江南水手 1 万，弩手 3 万，镰手 3 万。又令河南河北两地造兵车 5 万乘，配民夫以供应军需。此外发江淮诸米仓，水路运米。于是，各方远近奔程，在途者数十万，涿道挤塞。加之昼夜迫行，死者相枕，尸臭盈路。这一次总动员，调集各地军马 113 万，民夫数目加倍。费时将近一年，于 612 年春进军。其出师之盛，今古未曾有。

但是，此仗只维持了 40 日便全师败退。

史载，水路浮海先进，登陆破高丽兵，乘胜以 4 万人入平壤城，纵兵俘掠，中伏大败。逃回者数千人。陆路 3 万 5 千人过鸭绿江，各给百日之粮，步兵重不能负。因下令弃米者立斩，兵在帐内埋粮于地。中途断食，饥困交迫。高丽以退诱敌，待渡萨水，才作大举出击。隋兵此役丧师达 30 万，将帅奔还者不过 2000 余骑。大败。帝怒。他曾临辽东，责诸将无能，随后只好班师作罢。

翌年，隋炀帝又再募精兵，名"骁果"，称善战。4 月亲自车驾辽东督战。命两大将带兵围平壤城。

6 月，高丽围城未克，却传东都叛乱。礼部尚书杨玄感造反已攻占洛阳。隋炀帝遂连夜退兵，军资器械皆弃不顾。这一仗又就此完结。8 月，隋炀帝擒杀杨玄感，坑埋洛阳 3 万无辜百姓，放逐 6000 余人，以示惩戒。

公元 614 年他集兵三征高丽。他亲驻辽西怀远镇，但是不敢进入辽东。因为一方面是各地留兵不发，另一方面是士兵中途逃亡。所以将兵比前两次少了许多。他只派一支军去攻平壤。高丽国王派使向他求和。隋炀帝算是获胜了，遂同意回军洛阳。他要求高丽国王来相会，但对方拒绝了，他大怒令诸将再备行装，想第四次出征。

但是，各地反民四起，自顾不暇，各路军兵不听调动。

五、稀奇纵乐，叛乱四起

隋炀帝在西苑屡有稀奇纵乐。曾记载的，有集放萤火虫夜游，有千女乘骑陪奏，有逾万乐工聚市会演。那时，命人收集萤火虫，于夜间出游时，放飞照耀山谷，此其一。又命千女华服策骑，马上吹笙，前后追随，此其二。更命乐工两万多人，集结京城闹市，表演通宵达旦，以百戏娱乐外国使，此其三。因当晚是正月，后世称闹元宵。

公元 616 年，隋炀帝第三次南游江都。因杨玄感造反时曾尽焚龙舟，又重新造好。众臣谏阻，齐被斩首。

翌年，全国叛乱四起。继而汇成三支庞大造反队伍。一以李密瓦岗寨为中心集结河南，一由窦建德带领集结河北，一由杜伏威带领集结江淮，形成了北、西、东三面攻势，压向江都。与此同时，地方官僚纷树反旗割据自立。瞬间，隋炀帝只余洛阳、江都两地。甚至常有许多隋兵弃队出逃，隋炀帝又听佞臣主意，征寡妇少女配兵为妻，但仍无法留住他们。至此自知大势已去，曾备一缸毒酒，以供自尽时用。果然，禁卫军亦叛变。

最后竟然由宠将宇文化及率众杀进宫。他求饮毒酒死，未被允许，遂解衣带，当场被勒死。时年49岁，只执政13年。

公元618年3月，宇文化及立帝孙杨浩为傀儡皇帝，自任丞相，杀江都王室及外戚，带兵声言回取长安。此时太原太守李渊，已领兵据长安执政。另立帝孙杨侑为恭帝，掌兵马自封为唐国公。5月杨侑禅位，李渊自称"唐王"。9月宇文化及杀杨浩，在魏县建新朝自称"许王"。与此同时，隋炀帝长孙杨侗在洛阳被拥为皇泰帝继位。旋被王世充发动政变夺大权。翌年4月王世充赐帝死，建朝称"郑王"。至此，隋亡。共传4帝，合27年。

第 21 章　唐之建立

一、江山打下，世民功高

　　唐朝的缔造者，名义上是李渊，其实，史家倾向于归功李世民。只因李渊是父亲，李世民是他儿子，所以，在打下江山后，坐上龙椅的是李渊。而且，由于李世民是次子，李渊按传统的立嫡惯例，立长子李建成为太子，只册封李世民为唐王，这样的开国局面，使情况变得尴尬。

　　隋朝末年，群雄并起。李渊是隋朝的官员，他当时任太原留守。是18岁的次子李世民与晋阳县令刘文静策划，极力劝他高树反旗，从太原攻打长安的。李渊当时就对李世民说："今日起兵，成是你，败是你。"因就近占地理优势，唐军捷足攻入长安。但李渊仍不敢称帝。他改立杨广之孙为恭帝，并遥尊困处江都的杨广为太上皇，独揽京城军政大权，把自己册封为唐公，犹疑未决。

　　与此同时，李世民则统率大军，展开南征北战，逐一消灭群雄。其实，在整个征战过程中，李渊只从太原起兵到了长安，就一直没有领兵打仗了。他稳坐在长安城内，待听到了隋炀帝的死讯，便废了恭帝，改国号为唐。

　　李渊自此便成了唐高祖，仍以隋都长安为都。他立李建成为太子，却一再对李世民说："江山是你打回来的，你要做皇帝都可以。"但封李世民为唐王，显然说话口不对心。然而，几经波折之后，李世民还是继承了皇位，是唐朝第二任皇帝，并把唐朝带进历史上的盛世时代。

二、两员猛将，封做门神

　　李渊虽然是唐朝的第一位皇帝，但是作为开朝之君他最平庸。其实他的身边，就四个儿子。长子李建成，次子李世民，三子李元霸，四子李元吉。他封长次二子作为左右统军，他们分别替他打仗，其中以次子最出色。据称，三子李元霸亦武功盖世，但却意外地不幸早死。而事实上，李世民功高过父，在建朝中，谋士将才尽依顺于他。

　　先说他手下那两员猛将，秦琼与尉迟恭。李世民对二人器重，从这桩小事可见一斑。据称，李世民曾常有噩梦，夜夜难眠，近臣建议请画工描二将威猛形象于左右门扉之上。李世民依其说，事后果能安睡。中国民间流传此说，秦琼与尉迟恭遂成左右门神化身。

　　另外，唐人小说中有《风尘三侠》之作。内中记述了李世民的谋臣李靖的一段爱情故事。李靖巧遇隋朝大官一爱妾红拂女，二人一见钟情，相约乘夜私奔。在饱经追捕中，得虬髯客义助，终于逃出魔爪，投效于李世民。当然，李靖在建唐将士谋臣中，也确实曾经立下过汗马功劳。

　　此外，在民间流传的历史演义中，薛家父子的故事脍炙人口。那就是"薛仁贵征东"及"薛丁山征西"。他们父子在唐初时，一个东服高丽，一个西平突厥，除了表现李世民的武功，还反映出唐初国势盛隆。在民间戏曲中，还有相关的《王宝钏》及《薛刚》的故事。前者讲薛仁贵妻子贞洁，后者讲薛仁贵的孙子反武则天兴唐。

　　更著名更玄妙的是《推背图》的产生与流传。李世民众多谋士中有袁天罡与李淳风。相传二人懂得方术，曾奉命研制《推背图》，推测千百年世间兴亡的大事。这本相当于欧洲的《世纪诗》预言，至今仍在，任人推敲。它有60幅图配上60首诗，千百年来验证了不少的盛衰，历代有人对它加以诠释，算是一部神奇莫测之作。

三、背后女人，不谋私宠

李世民的正妻，出身名门世家。史家认为，李世民之所以在历史上被誉为一代英明君主，与她有关。除了史书上把她描写得仁慈厚道、谦逊俭朴之外，实际还是这位皇帝身后的贤助良佐。据传，她平日爱读书，曾编辑过《女则》，是一本记载妇女行为准则的记录，用来警醒自己。

她的哥哥长孙无忌亦是李世民身边智勇双全的将士。不仅是李世民的好朋友，并曾经助李世民打天下。因而受封尚书仆射。长孙皇后为此不安，因她不想外戚获宠。她对李世民说："你别封我哥哥。"李世民坚决说："我封他官，不是因你缘故，而是因他有功。"但长孙皇后却劝说她哥哥推辞了。李世民便只好作罢。这表现出她不谋私宠。

李世民有谏臣魏徵。常对他作种种规谏。即使当着朝臣，亦直言不讳，与李世民争论。有一次李世民在受谏后回到后宫大骂魏徵，并说终会把他杀掉。长孙皇后则对他说，有这样的谏臣才显出你是明君，她还隆重地向他叩首和恭贺。史家认为，这因而保住了魏徵的命。

长孙皇后生有三子。长子李承干封太子。当时有后宫保姆曾要求为此增加太子房间用品分配分量，以别于其他的王子，但遭长孙皇后反对。她说，太子要亟待增加的是他的学识和品格。这的确是真知灼见。果然，在她中年亡故之后，太子因顽劣被贬为庶人。由她所生的三子接替。长孙皇后只活到 36 岁便因病而死去了。她被葬在昭陵，李世民写墓文，谥为文德皇后。同时，这位皇帝还在后宫兴建了一座远望楼，可以登临看到她的陵墓。

李世民晚年时，一少女被选入后宫，年仅 14 岁，以美著称。她就是后来鼎鼎大名的女皇帝武则天。

四、李渊开国，杀刘文静

开国皇帝于稳坐帝位后大杀功臣是司空见惯的。

在汉、唐、明三个朝代，汉高祖与明太祖最明显，大杀功臣，株连九族，更是历史上令人悲叹的污点。至于唐朝，情况稍有不同。因为打天下的是李世民，首先坐天下的却是李渊。所以，曾否大杀功臣，也应分开来论。

李渊，也称为唐高祖，是第一个皇帝。他本在太原当留守，无心于天下的角逐，沉迷酒色，醉心赌博。在风起云涌的年代，是他的次子李世民与当年晋阳县令刘文静共同策划半迫半哄地要他发兵攻打长安的。李渊当时就说："今日破家亡躯，由你一人；化家为国，亦是由你一人。我不能自主也。"在征途中，有佞人裴寂献 500 宫女，他竟收受，带在军中。登上帝位之后，论功行赏，裴寂功居榜首。这的确是昏庸得很。他倒也曾大杀功臣，而首当其冲的竟是真正有功的刘文静。由于疑忌，以谋反罪随随便便就杀了刘文静。伴君如伴虎，又添一例证。

从李渊的角度，唐朝开国，李世民有殊功。但是这个能干儿子，一直未获他的宠信。李渊当上了皇帝之后，立长子李建成为太子。虽说是依循立嫡的传统，但也表明他猜忌李世民。由于当时战争还在继续，他总说些口是心非的话。史书上也曾载："上（唐高祖）每有寇盗，辄命世民讨之，事平之后，猜疑益甚。"由此可见，他是一心要把皇位传给李建成，而对李世民时常采取哄骗手段。

也的确是很难去想象，李渊是否欲除李世民，因无借口，假手他人。史载，一次，李建成与李元吉曾合谋邀请李世民到府中饮宴。只喝了半杯酒，便腹痛如绞了。随从马上扶他回家，竟是中毒。医治盈月，才好过来。这次李世民属大难不死，但是，其兄弟亦并未受到责罚。

至于史书上所载"玄武门"那一场兄弟相残的厮杀，之前也是李渊默许的一桩借将夺兵行动，李世民为求自保，即使弑兄杀弟，也依然能够获得多数史家的同情。至少在他继位为唐太宗之后，唐朝进入史无前例的高峰期。而在他的任内，也没有发生过妄杀开国功臣的坏记录。

五、长嫡无缘，次子登位

长嫡继承帝位，原是历朝沿袭。但是，这一传嫡制度在汉、唐、明三个盛朝中，却未能够得到体现。

李渊一共四个儿子，他登位后，长子李建成被立为太子，但是，最终承继了帝位的是次子李世民。其间发生了"玄武门之变"。那是一场兄弟阋于墙的内讧，血腥地决定了谁承继帝位。

史家多数认为，这是李渊之错。他除了自身的昏庸，还私下贪恋做皇帝。他担心李世民迫不及待，要他提早让出帝位。因此作出矛盾安排。一方面册立长子李建成为太子，表面表示，不过遵照传统；另一方面爱说江山是李世民打的，如果他要，他可以做皇帝。其实，他是希望他们兄弟彼此牵制，自己可以安享龙座。同时，他也实在需要李世民的雄才大略，每次有外敌来，总靠他去抵挡。而且，不止一次地说，若胜了回来，就准备改封他。

对唐朝未来皇位的承继，太子李建成亦希望稳操胜券。于是李建成与四弟李元吉合谋对付李世民。他们说服了李渊派李元吉领兵去北征突厥，但同时要征用李世民所属的精兵以及手下两名大将。李渊竟然同意了。不但下旨要李世民暂解兵权，并且将二将拨归李元吉统辖。这不应单以李渊糊涂来解释，很可能他也不想这儿子太强。不过，他显然没想到，这是迫虎跳墙。因为，李世民发难了，他伏兵玄武门。当李建成与李元吉入宫去参见李渊的途中，勇士齐出，占夺宫门。随即，李世民射杀李建成。其大将尉迟恭杀李元吉，然后带精兵直闯入李渊后宫。他声称殿外太子谋反，并奉唐王命特来保驾。接着，李世民到，趋前跪泣。他说太子李建成与四弟李元吉已遭杀。一边抱着李渊不放，一边要李渊宽恕他。良久，李渊才怯怯道："那么你就是太子了！"3天后，便禅位。

李世民接替李渊做了皇帝。史书上叫他唐太宗。

然后，李建成的五个儿子以及李元吉的五个儿子，本来都曾一一封王，全都被抓起来杀了。自此李氏皇室的后代中，仅存次子李世民这一脉。中国历朝因皇位的继立，骨肉相残，兄弟尽死，其裔皆诛，都是惯见。

第 22 章：唐之辉煌

一、唐之盛世，史誉贞观

唐太宗李世民

唐朝是中国第二个长而盛的帝制朝代。

唐朝的建立是在隋朝的短暂大统一，以及随着苛政而来的农民大造反之后才诞生的。因此，像汉一样，唐有大帝国的统一疆域规模，但亦遭连年战乱的重大破坏。所以，如何恢复经济以及社会秩序，是早期皇帝的要务。

唐朝第一个皇帝是李渊。他是一个享福皇帝，万事由儿子们操心。一般史家均认为，他事实上并无建树。

唐朝的第二位皇帝李世民是史家们公认的，既开创了唐的基业，又把唐带入了盛朝的一个最关键人物。

公元 616 年，他登上了帝位，改年号为"贞观"。虽然严格地说，唐能最后取得天下，与农民无直接关系，唐家原是贵族，乘农民造反而崛起，继而逐一打败农民队伍，然后取代隋而称帝。然而，李世民很清楚，是隋的暴虐，导致隋亡。真正拖垮了隋的，是农民的队伍。换句话说，唐其实即使不说投机取巧，也不过是适逢其时。而且，唐在消灭农民队伍的同时，向隋先称臣后才夺其天下。因此他以隋朝苛政为鉴，除了避免重蹈覆辙，还冀望立万世基业。他曾遗训子孙："皇帝如舟，百姓如水；水能载舟，亦能覆舟。"所以他在位的 23 年中，实行了许多对农民有利的措施。其中最主要的是，让他们有土地耕种，轻徭，薄赋。他在建朝初期住旧皇宫，就是为了避免大兴土木。另外，他的军队都实行府兵制，即是各地驻军，打仗时是战士，罢战时是农民。这一系列政策，史家或称让步。无论如何，这种让步对恢复生产和社会秩序是有利的。

李世民开国时南征北战，登位之后忧国爱民，是中国帝制历史上比较少有的英明君主。不但雄才大略，而且知人善用，兼广纳贤良。例如，他朝中的著名文武将臣尉迟恭与魏徵，本来曾是他的敌人。据悉，尉迟恭一度是刘武周的大将，魏徵原是李建成的谋士，及后转而投效于他。史家认为，这说明他明辨是非，虚怀纳谏，并举魏徵善谏留名。李世民在魏徵死后曾叹："以铜为镜，可正衣冠；以史为镜，可见兴亡；以人为镜，可知得失。如今魏徵死了，朕如失去一镜。"由于李世民的开明，唐朝留下了贞观之治。史家认为，这是唐朝盛世。

唐朝贞观之治，从公元 617 年开始至公元 639 年为止，前后 23 年。李世民也就是唐太宗。

之后，高宗接位，人颇庸碌。特别是在武则天当上皇后后，便逐渐让她一同坐朝议事了。先一帝一后，被奉为二圣。继而，是高宗变成了傀儡，由武后一人独揽朝纲。其实唐朝国势依然不弱，美中不足就是她很专横。

二、唐之威武，亦数太宗

唐朝的西北外患是突厥。突厥是匈奴的别支，游牧民族，善于炼铁。

本居新疆阿尔泰山南部一带，曾一度为柔然征服，于隋朝时再度兴起。北灭柔然，东败契丹，西达波斯。虽是一国，实则分为东西，时常发生内乱。东突厥东起自兴安岭至阿尔泰山东南；西突厥活跃于阿尔泰山以西，控制着高昌、焉耆、龟兹等国及通往西域的丝绸之路。他们屡次南下，掳掠然后北返。隋末李渊起兵太原时，曾经向突厥称臣求援。一是借突厥之凶悍来吓阻其他群雄免被他们进袭太原，二是借突厥兵同时进军长安以壮唐军声势。突厥确实曾遣骑两千，攻入隋都后掠财自去。唐建国后，国势仍弱，唐高祖依然以纳贡换取太平。

公元 624 年，突厥直迫长安，高祖曾欲迁都。后因李世民极力劝阻才作罢。他遂遣李世民去应付突厥入侵。东西突厥可汗二人合兵 10 万，多寡悬殊，唐兵畏战。李世民亲率百骑至阵前发话，离间二人，分化敌帅。他并与西可汗结盟，使东可汗愤然离去。自此东西分裂加深。

公元 626 年，唐太宗刚即帝位，东突厥再袭长安。他亲自带兵至渭水，隔桥与敌对话，终以议和退兵。史家称之为"会盟"，实则是献金退敌。唐太宗事后说："我不打突厥，反送给金帛，是让他变得骄懒，以便一举消灭。"

他随后加紧练兵，决心要打败突厥，保卫北方。

公元 629 年，李世民命李靖为帅，李绩为将，共率兵 10 多万向东突厥出击。翌年过雁门关，精骑进入蒙古。东突厥终不敌，可汗北逃被获。俘押长安，东突厥亡。

公元 640 年，唐太宗利用西突厥发生内斗时机，开始调兵遣将，8 年之后，打败臣服于突厥的高昌、焉耆、龟兹等国，在"安西四镇"驻军，保"丝绸之路"畅通。同年，西突厥的东厢部分降唐，更巩固了唐的西域安全。

西突厥的另一西厢部分，于公元 657 年才被击败。虽然唐太宗这时已死，但是唐朝的扩张仍在继续。其实，在唐太宗对付东西突厥期间，亦曾向四邻发动过其他大小征战。例如，南服松外蛮，北灭薛延陀。另外，当时吐蕃强大，他因用兵困难，亦效法汉代采和亲政策应付。他把文成公主嫁给松赞干布，与吐蕃建立了亲密关系。

唐太宗十九年发兵东征高丽。因为造船，徭役江南。农民被迫卖田宅弃子女，甚至引发几起造反事件。其实，唐太宗征高丽三次都无功而还。直至高宗年间，以苏定方、李绩及薛仁贵等将，用兵 6 年才控制了朝鲜。

唐太宗早年有"贞观之治"，唐太宗后期有"贞观之盛"。正如汉朝一样，"治"是注重民生，"盛"是炫耀武功。因两者的取向不同，社会开始出现流弊。

三、唐之政制，上追秦汉

皇权来自兵权，开国皇帝最为清楚。唐的天下也是靠兵打出来的。李渊父子都深明这个道理。但是皇权只许个人独占，父子兄弟于此均不容情。李渊留恋帝位，用儿子挡儿子，尽量拖延时间。然而，次子李世民功高将勇，最后，他在玄武门杀兄弟迫宫。3 天后李渊就只好让位做太上皇了。

李世民也不是从马上治天下，他也通过一批官僚替他施政。采用隋制，直追秦汉。置三省，设六部。三省，亦似秦汉三公，只是改了称号。即尚书省（统理政务）、中书省（审议诏令）、门下省（纠核百官）。本来尚书省由尚书令当主管，但因李世民曾执掌这个职位，不想人接替，遂决定废除，增设左右仆射，代他分掌六部。六部是，吏、户、礼、兵、刑、工。中书省由中书令去执掌，门下省的主管叫做侍中。其实，中书令和侍中亦是宰相。地方制度，初分 10 道，后来增加到 15 道，定 3 级制。

李世民因能接受群臣议谏而一直享有英明君主的赞誉。议谏是独裁君主制度中另一种驾驭群臣的依存法。表面上是所谓制约皇权，实质上好让他推卸责任。其实，中国皇帝六舆在握，驱使自如；生杀予夺，谁敢不听。皇权是独占的，李世民也不例外。太子李承干图谋篡位，李世民将他废为庶人，所涉将臣及其叔均诛。另外，两个儿子为争继位，李泰设计毒杀李治，未果，也是如此。

李世民宁愿信官僚，让他们来帮治天下。只要他们忠君护主，赐予一些厚禄，比家人更可靠。因为君臣的利益，唇齿相依；皇权垮了，大家会同归于尽。此外，李世民不相信豪门贵族，所以，他继续废除九品中正制。开科取士，发展隋制。一方面是借此在民间选才，另一方面是间接排斥贵族，从而进一步导致六朝世家的没落。

不过，科举制度的实行，不等于与民共政。它不过是在旧的知识垄断阶层，设法输入了一些新血液而已。因为能够有机会读书的，仍多贵族，少涉寒门，另外还有官官相惠作祟。因此，自下而上的意见多属摆设。反而导致更多官僚皇前争宠，加剧士阶层屈膝求存的沦落之势。比如，昔日君臣议政，臣可赐座；唐代以后，最优惠也要站着。

相对而言，皇权更独裁，朝臣更卑躬。

四、道佛并起，融儒共存

唐代的思想与宗教，开始进入一个转型期。

因唐家姓李，老子亦姓李，道士说服唐太宗认老子是他祖先，唐高宗时奉为太上天玄皇帝，因此，道教在唐朝很盛行，有几代皇帝都曾服食道士炼就的仙丹。不过，只是较为流行于上层的贵族。民间则以崇信佛教为多。

但是佛教宗派多杂争缠，僧人玄奘因而远赴天竺，求取真经回来重新校正，武则天建塔支持他翻译。这段时间佛教大兴，又获免税及无徭役，寺庙迅速林立，僧尼人数剧增。并常举办接迎佛骨进京拜祀，耗费更浩繁，加重了开销，引发朝中大儒韩愈撰文进谏，当然不济事，被贬官潮州。又添了一段韩公祭鳄鱼插曲，反映百姓生活迷信，佛道两教深入民心；令儒家学者大声疾呼要改革。

不过，柳宗元与韩愈观点不同。虽然同是儒者，两人取向各异。韩愈仍抱"天命"之说，劝尊君，做顺民，才合《原道》；柳宗元则另辟蹊径，非天重人。

因共信天地无神，柳宗元与另一学者刘禹锡的观点却几近一致。柳宗元写《天说》，刘禹锡写《天论》。柳宗元说，世间万事万物，"功者自功，祸者自祸"；凡是希望上天赏功罚罪，呼天怨天，都是荒谬的事。刘禹锡说，天不能干预人的事，祸福都是由人自取，与天无关。他另外提出"天人交相胜"的见解。他说，天是自然，人是动物。天之道在生植，其用在强弱；人之道在法制，其用在是非。所谓强弱，包含事物的发展由弱而强，再由强而弱。所谓是非，他则认为，合乎大众利益为"是"，反之，则"非"。又说，如果法制完善，执行得好，天的规律对人不起作用，那时便"人胜天"；倘若"是非易位"，奸佞受赏，正直受罪，天命和迷信思想占主位，则转而"天胜人"。只有纲纪败坏，人才信天，转趋迷信，其实天不管人。

与此同时，佛教本身亦生变化。玄奘创建的法相宗在武则天后趋于沉寂。代之而兴的是慧能的南禅宗。据称禅宗五传至弘忍，老时考弟子传衣钵。大弟子神秀说："身是菩提树，心如明镜台；时时勤拂拭，莫使染尘埃。"火头僧慧能则另答："菩提本无树，明镜亦非台，本来无一物，何处惹尘埃。"弘忍夜传袈裟于慧能，叫他立即南逃。自此慧能另开支派世称六祖，最初分南北，终一枝独秀。这故事揭露了一个秘密，即使是佛徒高僧亦难舍争权夺位。

佛教本于汉朝传入中国。据说起因于皇帝的一场梦。梦中见一铜人身后发光。后来派使者去西域找寻，迎两僧以马驮经至洛阳。因马色白，建白马寺，发扬佛教。不过唐武宗时，因寺庙僧尼过多，又下令要取缔。

至于道教，亦遇窘境。起因于对长生药的制炼追求，常出差错，祸及人命。唐末期间，逐渐反省，内丹派脱胎于外丹派，符箓学让位给养生学。至宋代时，道教也开始有南北之分，北方修炼内丹养气，南方注重外丹符箓。

然而，儒释道这三家，仍经常有争执。有时是儒合道攻击佛，有时是儒合佛攻击道，有时又道佛不和。逐渐彼此融会，出现互相取借，走向三者共存的新方向。

五、唐之文学，诗歌一绝

唐朝文艺以诗称绝，诗三百首传诵至今。

既有诗仙李白，又有诗圣杜甫。这二人的名作，古今无人不知。李白豪放不羁，受庄周影响，喜以浪漫笔法，歌咏盛唐气象。他的名句包括"抽刀断水水更流，举杯消愁愁更愁"。另外，"天生我才必有用，千金散尽还复来"是自信的表现；"两岸猿声啼不绝，轻舟已过万重山"是咏长江景色。杜甫颠沛流离，因而忧国忧民，好用悲天的感怀，记颂生活的图景。例如"朱门酒肉臭，路有冻死骨"，或"车辚辚，马啸啸，行人弓箭各在腰"是描述出征的场面。王维，世称诗佛，除了句中渗透佛学，他的诗作常被誉为"诗中有画，画中有诗"，是词景交融的佳句。还有李贺，俗呼诗鬼，他一生爱追求辞藻奇谲，风雪坝桥，骑驴觅句，华丽中多鬼异，怪险里现凄清，是独树一帜的诗人。此外，岑参和王昌龄，爱写边塞寒苦；元稹与白居易，诗作每述下层。至晚唐李商隐与温庭筠等人，因时逢乱世，更凄婉动人。唐诗，是中国文学的一个高峰。唐朝一代诗人数目曾以万计。现存《全唐诗》收集有作者2300多人，诗作近5万首。

唐时文学的另一特点，是散文达到了一个高峰。韩愈及柳宗元同坐"唐宋八大家"之首位，二人不分高下。他们的格调是行文简朴，不尚虚词，改革魏晋华而不实之弊。宋代承继他们的佼佼者有六人：欧阳修、曾巩、王安石、苏洵、苏轼、苏辙，称八大家。

唐诗的变奏是宋词。以朝代来定名，可见亦属特出。简单地说，它是从唐诗衍化出来的。宋代著名词人数目亦大，常被史家推赞者有柳永的怀才不遇，缠绵悱恻；苏东坡的豪迈潇洒，行云流水；周邦彦的眠花宿柳、婉约清丽；陆游的清明如话，论史感叹；辛弃疾的忧国忧民，义愤铿锵。

另外，女词人李清照的婉约飘零，情景凄凉，又是别树一帜。名句"寻寻觅觅，冷冷清清，凄凄惨惨戚戚"是她的代表作之一。其实，唐代亦已有人填词。残唐五代曾有花间词派。南唐李后主李煜爱填词。"四十年来家国，八千里地山河，凤阁龙楼连霄汉，玉树琼花作烟萝。几曾识干戈？"是他亡国悲忧、身处囚徒之作，在历代词作中，堪称奇葩！

第 23 章　唐之衰亡

一、唐的大患，来自叛将

在历朝外戚、叛将、宦官之祸中，唐的衰亡伏因，叛将破坏为最。甚至，唐朝最后是遭叛将夺去天下的。

先是唐朝对降将过分地姑息，由唐太宗开始，后继者亦如此。因为唐太宗的开国大将多属降将，包括尉迟恭、秦琼、程咬金等。另外唐朝用府兵制，即是将士派驻一方，战时是兵，平日是农，往后形成藩镇割据。唐朝军制有大都督，统军旅，镇边疆。后来都督兼管地方，变为官职，称"节度使"。唐玄宗时沿边疆设有 10 节度使。

藩镇作乱的转折点是玄宗宠信安禄山，一再提拔，封他为三镇节度使，为他私谋造反铺路，终于酿成"安史之乱"。全国延祸八年，唐朝由盛转衰。不但如此，与安史二人有关的降将，又获姑息。有些还被分封做了节度使，成了以后叛乱的隐患。同时，被邀来平乱的众将，如郭子仪，势力坐大，后又分封他的三位部将为节度使，本欲削他兵权，却增加了藩镇实力。继又利用藩镇间的矛盾，互相牵制，常有干戈。这只能造成社会动乱，对藩镇势力无阻抑。反而被宦官乘机钻空子，勾结藩镇，挟制皇权，从而掌握着皇帝的生死废立。唐朝自宪宗后 10 个皇帝中，就有 8 个是由宦官所立。这些宦官分成两派，明争暗斗，针锋相对。

其实，宪宗本人就是被其中一派宦官于公元 820 年策动政变所杀死，谎称"误服丹石，毒发暴崩"，一面尽诛敌派，一面拥立穆宗。四年后穆宗死，敬宗继位，宦官续专政，他只是傀儡。公元 826 年，宦官刘克明入内宫杀敬宗，欲迎绛王李悟继位；两天之后另一派宦官王守澄率军入，连杀刘克明及李悟，拥江王李昂当皇帝，是为文宗。至此宦官更加跋扈。文宗太和九年图振王朝，召节度使郑注进京助阵。先迫宦官王守澄饮毒死，欲于他葬礼时尽杀其党。郑注回驻地去调兵。宰相李训邀功率先发难。反被宦官识破幽禁文宗，继率禁军大杀朝臣，又密令监军杀郑注。受害者逾千人，史称"甘露之变"。唐朝中期、后期，宦官、朝臣、大将常因争权夺利，彼此间多内斗。

唐末农民造反，黄巢攻占长安。因留恋不去，被唐军包围。部将朱温率其所属兵马降唐，随后备受姑息封三镇节度使。至昭宗时，进驻长安，大杀宦官，独揽朝纲。继而派人杀昭宗立哀帝。公元 907 年，他建"梁"朝，历史进入残唐后的"五代十国"。翌年杀哀帝，唐亡。

二、安史之乱，藩镇造反

安史之乱，就是安禄山与史思明串通在一起反唐。事发于公元 755 年，至公元 763 年，规模浩大，举国震动。安禄山官至平卢节度使，与范阳大将史思明合谋，以清君侧为号，说要诛杨国忠，实进攻长安，吓得皇帝出逃。

事件应怪玄宗自己，他太相信安禄山了。他不但对这人恩宠有加，还要杨贵妃收他作干儿，出入内宫，不用传报，还把三藩镇（平卢、范阳、河东）的军政大权给了他。安禄山也想当皇帝，遂起兵。这是一场不折不扣的豪门贵族篡位战。因玄宗一行奔到马嵬坡，兵哗变，清君侧，真的杀了杨国忠及杨贵妃，才又得以西进避难。安禄山打进长安，亦闻杨国忠被杀，并未息兵，夺位野心更明显。

由此可见，此仗于谁有利或害，当然是玄宗与他。就看谁消灭谁或取代谁。结果，两败俱伤。

正是"他在谋人，人亦谋他"。实际上大家全都为争权夺位。公元 757 年安禄山被其子安庆绪所杀；公元 759 年史思明攻杀安庆绪，再占洛阳。公元761年史思明被其子史朝义所杀，公元763年史朝义兵败自杀。

安史之乱持续8年，唐用大将郭子仪、李光弼，并向回纥借兵，才又稳住了李家天下。唐玄宗呢？他逃难在外时，太子李亨已登位。回到长安，他被冷落；移入西内，静居养气。更别说肃宗长期不来问安，连太监高力士和侍卫陈元礼都失陪了。他做了六年太上皇后死去。

安史叛军沿途纵兵烧杀掳掠，造成黄河上下人烟断绝，千里萧条。请来的回纥兵更甚，洛阳周围数百里成废墟。民间生产被破坏，人民也大量死亡。所以，此类战争的成败果实归上层，倒霉的是百姓。

唐的另一类战争是下层造反。唐初贞观之治后农民开始作乱。但由于规模不大，所涉范围局部，史家避而不谈。其中，最著名的有陈硕贞，她原是一名女农民。公元653年高宗继位不久，她在浙江一带造反。徒众数千，扰战两月，然后全被唐军屠杀。当时追随她的作乱农民，多因"纳官之外，半载无粮"。可见吃饭是他们迫切的问题。史载唐初为了要对突厥进行征战，曾迫农民运送物资，其情况是"兄去弟还，首尾不绝，远者五六千里，春秋冬夏，略无休时"。在这样的租税徭役之下，有些自断手足，有些"卖田宅，鬻子女"，人民无以为生，所以，到处开始造反。陈硕贞曾以唐朝对道教的迷信为召，自言"尝升天"或是"自天还"，来加强控制造反队伍的能力，因而被传统史家指为"以妖言惑众"。她自称"文佳皇帝"，比武则天还要早。在她那短短的自封女皇期间亦按传统规矩，设有一丞相章叔胤，另有一将军童文宝。他们分兵三路，攻占附近镇府。但时间实在太短，无从发挥。有关她当年的遗迹至今仍有"天子基"及"万年楼"等。

三、唐有断代，武曌建周

在唐朝将近300年的统治中，其中有一段有人另立朝代。这个人便是武则天，建朝称帝达15年。

武则天原名武照，是利州都督的女儿。14岁，以美名，被选入宫成为唐太宗的才人。太宗死后入庵为尼。后与高宗重逢，才被纳为昭仪。她在短短的时间内，计杀皇后及萧淑妃，迅速做了皇后，与高宗同坐朝。众称二圣，共享皇权。她为高宗生下四子，长子李弘、次子李贤、三子李显、四子李旦。为了满足自己的政治野心，她将这些儿子或废或杀，过程残忍，独断独行。长子最先遭毒死；次子降为庶人后诛；三子李显登位，她在背后摄政；

武则天

旋把他贬为卢陵王；改立四子李旦，但囚禁在内宫。

朝中唐太宗的旧臣徐敬业集将臣后代，举兵来讨，遭她荡平，又诛朝中宰相裴度及大将程务挺示警。继而，一不做二不休，篡唐朝建周朝，自称圣神皇帝。从公元690年至715年，她成为中国历史上唯一的女皇帝。

另外，武则天敢用人。属下人才，不拘一格。既有侄儿武三思，又有名臣狄仁杰；既有女儿太平公主，又有才女上官婉儿。开创武举，又倡殿试，还大胆地提拔新人。对于她的功过，历来褒贬不一。从积极方面来看，有历史学家说："生产发展了，土地开发了，人口增加了，疆土开扩了。同时，文化亦提高了。"消极方面亦有批评，甚至责她恋养男宠。亦有反驳：总不及妃嫔三千吧！

武则天时，崇尚佛教。因她未称帝前，有僧著《大云经》，说她是弥勒佛下界，应该在人间当天子。因此在她登基后，大崇佛教，大兴寺院，助长了佛教发展。同时，她又自己改名叫"曌"，日月悬空，新创此字。

由于信赖男宠张易之、张昌宗兄弟，晚年朝中大事均由他们居中传话。公元705年，宰相张柬之合文武四人，趁她病重，举行政变。诛杀张氏兄弟，扶李旦复帝位。因事后张柬之等五人获封王，史称"五王之乱"。同年11月武则天病死，终年81岁，掌政达50年。据称，她临死前嘱其子李旦只为她树碑，但是不要立传。于是，又留下了一块无字碑，平添后人揣测。

四、朝臣派斗，牛李党争

牛李党争的特点是他们同样勾结宦官，在朝中互相排斥，争权夺位，完全为了私人利害恩怨。一时是这派占上风，一时是那派再抬头。双方纠缠达40年，并不是为人民谋利。皇帝不是不知，文宗就曾经叹："去河北贼非难，去此朋党实难。"河北贼是指藩镇，朋党是牛党李党。文宗时曾两党并用，每逢议政，争吵不休。

宦官是每朝的隐患。汉朝如此，唐朝如此，明朝更是祸国根源。

唐朝自玄宗起，宦官逐渐专权。为争夺朝廷的大权，宦官中又分党派，互相攻杀，废立皇帝。宪宗、敬宗都被宦官杀死，穆宗、文宗、武宗、宣宗、懿宗、僖宗、昭宗均由宦官所立。宦官的势力和专横由此可见。牛党以牛僧孺为首，李党以李德裕为首。他们都勾结宦官，与宦官狼狈为奸。他们之所以分党派，基于各自不同出身。李德裕和他的同党代表以往世家士族，每多豪门后裔，凭门第来入仕；牛僧孺与他的同党代表新兴庶族官僚，都是进士出身，倡文采可入阁。李派主张恢复门阀制度，牛派要求通过科举任官。双方都在为扩大朋党而营私舞弊，往往一门父子兄弟，都因此而位居显要。

唐朝牛李党争，始于穆宗时，至宣宗才止。其间，两派斗争各有宦官支持，互相攻击纠缠近40年。

事情是这样开始的。宪宗年间，为选拔直谏敢言之士在长安举行了一次考试。有两位较下级官员，因批评时政而被监考官荐给宪宗。当时宰相李吉甫对此颇不满，便向宪宗诬说二人与监考官关系密切。宪宗因而没有选用二人，并把监考官降了职。这二人便是牛僧孺、李宗闵。穆宗年间又举行进士考试。有豪门子弟欲买官，却被监考官斥拒了。他们反控监考官在舞弊，通过渠道要求穆宗追查。当时翰林学士李德裕是李吉甫的儿子，并且查知新的举人是李宗闵的亲戚，记起了他曾批评他父亲，就在穆宗面前火上加油，结果，新举人遭革除，监考官被降职，李宗闵亦被牵连贬谪到外地。这就是牛李党争的首次交锋。

两党为了斗胜对方，都分别向宦官靠拢。穆宗长庆年间，牛僧孺当宰相，把李德裕排挤外贬。文宗期间，牛僧孺、李宗闵均曾当上宰相，李德裕一度外调出任西川节度使。适逢吐蕃入侵，他指挥唐军打胜了，夺回维州，蕃将投降。但掌朝的牛党下令将维州及蕃将交还吐蕃。由此可见，为了彼此斗争，国事变为儿戏。这是一例。

武宗时期，李党当政，牛党的主要人物都被贬谪到岭南。宣宗时期，牛党后辈获升掌朝，李党的首领李德裕先被罢相，四次贬官，最后死在崖州（广东琼山）。不过牛党的李宗闵还未还朝已死在外；牛僧孺总算撑回来，不久亦死去了。至此，这场40年的党争才告结束。

五、百姓造反，黄巢倒唐

史家一般认为，拖垮唐朝国力的是黄巢。黄巢家族世代是盐商，自少便贩卖私盐。唐末奸吏乱政，赋税十分繁重。百姓无以生计，各地有人造反。

公元875年，黄巢率众响应。他与另外一名造反者王仙芝会合。后来，队伍稍有规模，朝廷以诱降来分化，王仙芝表示想做官。于是，黄巢自领人马北去，返回山东。随后，王仙芝被唐军追击，5万名追随者被杀。余众改投黄巢，推他为"冲天大将军"。于是，黄巢从而指挥10多万众。"冲天"的口号是推翻唐朝天子；"均平"的口号是要求社会平等。在这样的旗帜下，队伍迅速壮大。

　　但是，唐军亦集结至江北，对其队伍进行围剿。黄巢于是以"避实就轻"的战术，形向西，实转南，引开唐军，急渡长江。然后，在江西、浙江、福建等地区游走。他与唐军追逐几年，情况才发生了变化。

　　公元879年，黄巢占福州，继而占广州，并生擒节度使李迢，聚众达50万。同年10月，他又挥军北上。克桂州，入湖南。转而以木筏千乘沿长江东下扬州。唐军守将慑其威势，躲进城内不敢应战。公元880年7月，黄巢率60万之众再渡长江，通牒诸藩镇说："我大军此去将西攻长安，向朝廷问罪，与你们无干。"诸藩镇节度使只顾自保，其大军遂"如入无人之境"。随即占领洛阳，留守率百官降。年底他突破了潼关，唐宰相闻讯服毒死，皇帝禧宗逃往成都。公元881年1月8日，黄巢甲骑如流，浩浩荡荡开进长安。据称，长安市民夹道欢迎。

　　相传黄巢于早年曾赴长安考名功，不第之后，才愤而反，当时曾赋《咏菊》一诗记志："待到秋来九月八，我花开后百花杀；冲天香阵透长安，满城尽带黄金甲。"他终于打进了长安，并于同年1月16日在长安继皇帝位，国号大齐。其部下将领皆封官，担任宰相、仆射等要职。他只留用了一批低级唐朝降员，但镇压了没跑掉的皇室及大官僚。几个月后唐军围合。黄巢曾一度退出，让唐军占据长安，几天后又重杀进来，对唐军采取歼灭战。这场曾一退一进的大会战，被传统史家称为血洗长安，所谓"黄巢杀人八百万"就是这一役。当然这个数目是夸张了些。唐末有诗人韦庄写下长诗《秦妇吟》对此曾作描述。

　　黄巢对唐军的几次合围都曾先后出兵迎战，先获胜，后转败，逐渐反而被封锁在长安城内。一年之后，粮荒严重，先是部将朱温率兵向唐投降，继而唐以沙陀李克用采攻势。公元883年5月，黄巢弃城而走，被李克用随尾穷追。翌年黄巢退回山东。至7月13日，据传他终在泰山狼虎谷兵败自尽。不过，野史对此另有交代。流传最广的一说是，黄巢兵败后在洛阳做了和尚，在自画像中题下："铁衣着尽着禅衣"之句，录入《全唐诗》内。

　　史家认为，黄巢最终失败原因有三：一、他的游击战术，只利攻，不利守；二、入长安后，只谋建朝登位，不谋乘胜追击；三、唐各藩镇依然拥兵如故，遂又可以再合。不过唐依赖节度使苟安，亦终被他们夺去江山。

第 24 章　五代十国

一、唐亡之后，轮番改朝

拖垮唐朝天下的是流寇黄巢，他带起了残唐的纷乱局面。黄巢南征北讨，历时 10 年，转战南北，唐的天下到处都是烽火。生灵受涂炭，生产被破坏。

为了对付黄巢，唐皇朝向外调兵来平反叛乱，其中最显赫的是沙陀人李克用。他本是河东节度使，战后其势力更大。此外，流寇黄巢北上攻打长安之际，各地藩镇的节度使基本按兵自保，唐朝藩镇割据的现象并未改变。所以，唐朝到了末年，就是他们各自争雄。在这段 53 年的纷乱中，有五个短朝代依次地轮番出现，其实是藩镇割据的变相继续。第一个成功地夺得了帝位的，是获唐朝封藩镇节度使的朱温，他建立了"后梁"（907—923），从而开始了五代。第二个成功地取代了后梁的，是曾被唐朝招来剿贼的节度使后代，即李存勖建立"后唐"（923—936），他是李克用的儿子。第三个成功地推倒了后唐的，叫石敬瑭，他原是后唐永宁公主的夫婿，曾官拜中书令，兼天平节度使。为了篡夺后唐，向契丹借兵力，甘愿称儿皇帝，还答应割了地。他所建的"后晋"（936—947），只传二世而亡。第四个成功地替代后晋的人，是刘知远，他原是石敬瑭部将，曾担任河东节度使。他反对石敬瑭，不向契丹称臣。在石敬瑭死后不久，他便把契丹赶走了。他建立了"后汉"（947—950）。不到一年他就死去，其子继位后想除去朝中的大将。当时刘知远最得力的将军是郭威，拜为枢密副使，掌握重大兵权，在接报皇帝要杀他时便发动政变，推翻后汉，被拥称帝，成为第五个在朝反朝的夺位将军。他建立了"后周"（951—960），史称为后周太祖。他有大志，但是天不假年。他死后其义子柴荣登上帝位，继其义父志，欲统一中原。但他亦很短命，5 年后便病死。其子接帝位，当时才 7 岁，掌握军政大权的大将就是赵匡胤，他轻易地取得了后周的天下。

此外，与五代同时的，还有所谓十国。中原轮番改朝换代，外围南北诸国林立，彼此维持了 50 年。

二、后晋割地，称儿皇帝

上一节已提到，五代是藩镇割据的另类继续，亦是藩镇跋扈称帝的兴亡史。先后 5 人，历经 5 朝。

先说建后梁的朱温。他原先是黄巢部将，在造反时屡立战功，官至同州刺史。后来他反黄巢，降唐后，封两州节度使。然后又联合李克用打败黄巢，官至郡王，操纵朝纲。继而杀唐昭宗，改立唐昭宣帝，不过 3 年，再迫他禅位，称帝建后梁。朱温很荒淫，曾奸两儿媳。终为其子所杀兼夺位。后梁历 3 帝共 17 年被后唐取代。

建后唐的是李存勖。其父为沙陀人李克用，唐时封河东节度使。李克用生前常与朱温不和，死前遗言要其子代为复仇。李存勖灭后梁，称帝改国后唐。他喜看唱戏，伶人多受宠，逐渐嚣张，胡作非为。影响最坏的是挑是非，使王室起内斗。又因李克用生前战将多收作养子，因此后唐四帝继位常有嫡庶纠纷。先是伶人出身的御前指挥使在洛阳曾发动政变，李存勖身亡。李克用养子李嗣源率兵攻入洛阳平乱，被推举为监国，不久后继帝位。8 年后死，传位其子。李嗣源另有养子李从珂任凤翔节度使不服，竟然借故起兵，其实叛乱夺权。但他赢了，攻入洛阳，自即帝位。李嗣源有女婿石敬瑭担任河东节度使，指李从珂是养子，不应该承继帝位。争执之余，双方动武。当石敬瑭被围攻正处下风时，有僚幕建议他向契丹王求救，并同时许下他年登基割地作回报。契丹果然遣兵，先为他解了围，然

燕云十六州

后，再陷洛阳。后唐李从珂兵败后，携带太后、皇后及次子等大小家眷及传国玉玺登宣武楼自焚。

灭后唐，建后晋，石敬瑭恭奉契丹王为"父皇帝"，卑躬屈膝，自称是"儿皇帝"，并割燕云十六州之地。每年进贡，诚惶诚恐。在屈辱中过了7年，郁郁而终。其侄继位，向契丹自称是孙子，是为出帝。公元947年契丹王竟引兵倾巢来犯，攻下汴梁（今河南省开封）囚押后晋皇帝。同时，就以汴梁为京，改契丹为大辽。后晋诸藩镇节度使大多上表称臣。其实，契丹内部混乱，常以牧马为名，纵军抢掠，财畜殆尽。各地百姓纷纷自发反抗。

同年3月，契丹王因病死，新主仍未确立。

石敬瑭有部将刘知远，曾封后晋河东节度使，闻变后当机立断，采用大将郭威建议，称帝晋阳，建立后汉。随即发兵洛阳，沿路昔日后晋官员纷纷归附，契丹兵马于是北遁。6月，刘知远进入开封，后汉遂以此为都。刘知远本反对石敬瑭向契丹称臣，认为许以土地，将成他日后患。当时石敬瑭只顾个人称帝，不听规劝。果然，后晋只传2帝共11年，辽兵又再南下将它灭了。更严重的是从此中原版图少了一片土地。直至两宋，无法恢复。

不过，后汉的刘知远，称帝不足一年，竟然染病死去了。他把有限的时间用在臣服其他的藩镇节度使上。其中有天雄节度使郭威，又欲效法石敬瑭求辽助，刘知远先下手为强，迅速把郭威擒住了。无奈他自己却一病不起。他的儿子刘承祐称隐帝，登位时 18 岁，实际上没有大权，军政都由四大将军（郭威、杨邠、史弘肇、王章）把持。这样过了 3 年，虽有皇帝之名，但无皇帝之权。然后，他在文臣的教唆下，公元 950 年 11 月，计杀在京的三将，并下令要对付郭威。岂料，郭威早闻突变消息，以清君侧为名起兵，声言请罪，进攻汴京。隐帝召泰宁节度使慕容彦超来援。郭威轻易地便在城外把他打败了。隐帝亦曾带兵出援，在混战中被杀死。后汉才 4 年就亡了。

三、后周两帝，力图统一

郭威这员猛将，曾经先后效命于后唐李嗣源、后晋石敬瑭、后汉刘知远，掌握大军，镇守河朔。郭威攻入汴京后，本欲另选刘知远一个侄儿为帝继位，却为部下拥立。后汉遂告亡，他建立后周，历史上称他为"周太祖"。

史载，郭威本出生于一户姓常的贫寒家，幼年丧父，其母改嫁，继父姓郭，他便改姓。不久其母与继父均先后去世，又投靠到姨母家中，长大后当兵，因勇获重用。后辗转至后唐军帐，并娶一女柴氏为妻。又因为二人多年未生一男半女，遂收柴氏兄之子柴荣作为义子。他于后唐亡后，先随石敬瑭，继随刘知远，终于获得器重。

在他称帝后的 4 年中，主要是恢复生产，励精图治，减轻赋役。他既为政治改革铺路，又为统一天下做奠基。公元 954 年，郭威因病死去，传帝位给柴荣。

柴荣可以说是五代中最有作为的皇帝。柴荣的父亲是郭威的妻舅，郭威因为无子，自幼收养柴荣。后周建立后，他先担任澶州节度使又加升晋王，随后再立为太子。在郭威病死后，他接任称世宗。

公元 954 年 2 月，柴荣刚登帝位，十国中的北汉刘崇乘隙发兵攻打后周。刘崇声称要为后汉报仇，因刘崇是刘知远的哥哥。柴荣力排众议，亲率大军应战。于 3 月把刘崇打得大败而逃，他欲乘胜追讨，因缺粮遂作罢。自此以后，整顿军纪，为下一步的南征北讨拉开了序幕。

公元 955 年，柴荣南征。先收南唐四州之地，再发兵去围困寿州。双方对阵淮河两岸。久攻未克，回师汴梁。于是他勤练水军，为下一次备战。公元 957 年，再攻南唐。俘其兵 4 万，缴战船无数。南唐请降，签盟城下。

公元 959 年，柴荣北上。亲自统率大军，与辽展开争斗。他是想从辽的手上取回燕云十六州的后晋割地，行军 40 天后，一路势如破竹，并且夺回三关，但却突然病倒。北伐于是就此停止，柴荣 6 月死去，传位儿子。

四、所谓十国，散布东南

唐末五个朝代转换期间，外围有十个小国同时并存。从地理角度看，他们分布东南西方，与中原成众星捧月之势。不过，他们基本上是汉人国家，这和两晋时的五胡十六国情况不尽相同。以下简述这十国的名单及其兴亡。

（1）吴（892—937），都扬州，由杨行密所建。传四世，后为朝中大臣徐知诰所灭。其实，从二帝起，兵权已握在徐温手中，三帝、四帝都是傀儡皇帝。徐温死后，其子掌权，但是不久即为徐温义子徐知诰所取代，并迫吴国最后一位皇帝禅让。又徐知诰原本姓李，还是唐朝宪宗后裔，于是，从此又改名叫李昪，称帝后改国号南唐。

（2）南唐（937—975），都金陵（南京），由李昪所建。传三世，于公元 975 年为北宋所灭。二世名李璟；三世名李煜。这两个皇帝都爱好文学，尤其李煜，词是一绝。他在亡国后被囚禁于汴梁，三年后被宋太宗派人毒死。

（3）吴越（893—978），都钱塘（杭州），由钱镠所建。传五帝，为北宋时宋太宗所灭。

（4）楚（896—951），都长沙，由马殷所建。传六帝，为南唐所亡。

（5）闽（893—945），都长乐（今福州），由王审知所建。传六帝，为南唐李璟发兵攻灭。

（6）南汉（917—971），都广州，由刘龑所建。传四帝，为北宋所灭。

（7）前蜀（907—925），都成都，由王建所建。传二帝，王宗衍好色荒淫，不理国政，为后唐发兵攻灭。

（8）后蜀（934—965），都成都，由孟知祥所建。传二帝，后为北宋所灭。皇帝被押开封，七天后无故而死。

（9）南平（907—963），都荆州（在湖北），又名荆南，由高季兴所建。传五帝，为北宋所灭。

（10）北汉（951—979），都太原，由刘旻所建。传四帝，为北宋所灭。

由此可见，十国之中，除了北汉在北，前蜀、后蜀在西之外，其他均散布在南。这又与五胡十六国的情况刚巧相反：当年五胡都在北方，只有成汉在西南，西晋、东晋是在东南。五代的朝代均定都在黄河下游，后唐定都洛阳，其他四朝（后梁、后晋、后汉、后周）均定都汴梁。

五、柴荣托孤，所托非人

乱总求治，久分想合。这是人治社会的一种走向，中国历史往往就是如此。三国时期如此，五代十国时期亦如此。三国前后有60年，五代十国约50年。后周两个较有作为的皇帝，郭威和柴荣都意欲统一天下，却都天不假年，三四年后便死了。所以，能够做的依然有限。这个责任就不得不留待篡位后周的人去完成。在病中临危的时候，柴荣选中了赵匡胤。不是看中了赵匡胤能承继他的遗志，而是希望他可以扶持他的儿子治国。柴荣的儿子才7岁，所以是毅然地托孤。

后周当时朝中有两大将，一是赵匡胤，一是张永德。本来张永德是他义父郭威的女婿，柴荣私下认为，这个人也最有可能夺他儿子的帝位。他罢去张永德军职，把大权交给赵匡胤。

公元 959 年 6 月，柴荣死了，儿子继位，是后周的周恭帝。翌年 1 月，北汉会合契丹（即辽国）入侵后周边镇。由赵匡胤统率禁军北征御敌。大军离汴梁东北 40 里后扎营，该处是陈桥驿。一觉醒来，赵匡胤已被黄袍加身，众将士在帐外呼万岁，他该怎么办？当然，掉转马头，回返汴梁。他要 7 岁的皇帝让了位，登上龙椅后成了宋太祖。改国号宋，国都依旧，史称"陈桥兵变"。宋灭后周。

如果柴荣单纯想要托孤，他找错了人；如果他是物色统一天下的人，这倒对了。赵匡胤登基后，先巩固其皇权。第一年他铲平"二李之乱"，即昭义节度使李筠不服造反，及周太祖郭威外甥李重进的武装响应。在第二年他要旧日的手下众将全交出兵权告老还乡，杜绝了朝中大将篡朝的顾虑。这也就是著名的"杯酒释兵权"事件。然后他制作了"先南后北"的统一天下的战略。公元 963 年，宋军以前往攻打后蜀为借口，向荆南借路，先把它灭了。公元 965 年，宋军亡了后蜀。随后几年宋军与北汉曾先后两度交战，宋军未能获胜。公元 971 年，移师南下，先灭南汉；又用了 5 年时间，于公元 975 年灭南唐。那一年的秋天，赵匡胤突然亡故，由其弟赵匡义接位。他继承了其兄遗志，继续完成统一大业。公元 978 年，他没有出兵就迫吴越投降。翌年亲自领师，北上灭了北汉。同年，欲乘胜收复北方燕云十六州之地，与辽争战，连夺三州。后因契丹派出大军驰援，宋军南退，占地复失。

公元 986 年，赵匡义决意再征辽。他派杨业领军，杨业兵败被杀。他也就是著名通俗小说"北宋杨家将"中七个儿子的父亲；七子参战，六子俱亡，然后由媳妇们复仇。故事演述杨门三代上阵，女人参战。其中，连老祖母都持拐上阵，由仅存的第六子杨延昭挂帅。从正史说，赵匡义总算统一中原，就只缺燕云十六州。

也因为这个原因，宋从一开始就积弱。

在随后两宋统治的 300 年间，汉人挨打，每况愈下。北宋本已不济，南宋偏安，情形更糟。最明显的是，一、中原的地域版图缩小了，至少已缺了燕云十六州；二、两宋一直重文轻武，北方强敌经常压境，就靠议和纳贡，换取间歇安宁。北宋时北方有辽和西夏；到南宋时则是金与蒙古。南宋自始退处长江以南，半壁山河，不思振作，连开封都变作金的京城。到一代天骄成吉思汗兴起于大漠，南征北战，所向披靡，中原第三次大统一便告来临。

以下略谈两宋 300 年积弱的某些特点。

第 25 章　北宋与辽（上半段）

一、重文轻武，积弱之源

　　宋之积弱除了燕云十六州的未能收服之外，主要是由于赵匡胤采取的巩固皇权措施。他矫枉过正了。

　　他自从陈桥兵变而戏剧性地得了天下之后，就千方百计地防止别人也像他这样做。建宋后第二年，他在一个秋天的晚上，邀请禁军众将共饮，

真本《清明上河图》局部（2005 年 10 月 10 日摄）　　　　　　张燕辉摄

叫他们都交出兵权。翌日，他们或告老还乡或搬到边疆，从此迷醉歌舞，不涉兵戎，只顾安享晚年。这就是著名的"杯酒释兵权"的故事。赵匡胤把禁军兵制改为"三衙分立"的掌管制，于是带兵者没有发兵权，发兵者没有统兵权，这就消除了禁军兵变的可能性。同时，他下令各边防把最精锐的士兵选派来京补充禁军。

同时，他创立"更戍法"，把部分禁军轮流外派到各地协助守卫，达到"兵不识将，将不专兵"目的。还有，就是设立中央"通判"的文官职，外派各地去担任州县的长官。凡是有关兵民、钱谷、赋役、狱讼等政令，如没通判签署，就不能生效。这是中央在牵制地方的行政。

另外，他在科举的殿试制度中取消了淘汰制。即凡是参加殿试的，无论优劣成败，都可以分到官做。他们被统称为"天子门生"，明显地重用文臣，贬降武将。

还有一段故事，关系君臣主次。有一次宰相与他正分坐着讨论国政，赵匡胤故意说要看奏本，当宰相上前递交奏本时，他所坐的椅子便被拿走了，退下来时就只能够站着。从此，"坐而论道"变成"站而论道"。虽然，这只是象征性改变，但是，"君尊臣卑"就这样确立了。

赵匡胤这一系列的改革措施，无疑是针对五代以来的"文弱武强"及"君弱臣强"的弊病。所以，经他这么一改，不仅是"君尊臣卑"了，又"文重武轻"了。不过，他的做法亦同时造成了军事上的内强外弱。皇帝身边的士兵精良了，边塞的守军变得脆弱了。特别是宋朝建都在汴梁，四面平原无险可守，就只好靠安排重兵防卫。强敌来自北方，自可长驱直入，北宋经常挨打。另外，因为文官在政治上凌驾于武官之上，重文轻武渐成风气，民间从此弃武习文，从北宋起300年的积弱岂是无因。

二、檀渊之盟，宋纳岁贡

赵匡胤登基后，一直没有伐辽。因此，燕云十六州的失地没有回归中原。他的弟弟继位之后，第一件事就想北伐。公元979年，他消灭了北汉，结束割据局面。然后乘胜移师河北，取得了其中的四个州。6月，他亲自指挥攻幽州，围城15日不能下。辽兵大举驰援，与宋军战于高梁河，宋兵大败退去。连攻下的四州又复失。

公元982年，辽国换上幼主，宋以为有隙可乘，分兵三路北上。辽萧太后陪幼主至幽州督战，宋军又败。自此，宋太宗放弃以武力收复燕云十六州的意图，只求在河北平原上筑塘堵水以挡辽兵，改攻为守，与辽相持。

公元1004年，辽主动大举南侵。北宋第三个皇帝真宗无主意，朝中多人建议迁都以避其锋。唯独宰相力主迎战，并与真宗带兵出征。双方对峙澶州。几度交锋，互有胜负。主和派开始活动了，遂与辽取得了协议。宋应允每年向辽纳送银10万两和绢20万匹；辽则同意退兵，今后兄弟相称。这也就是历史上所称的"澶渊之盟"。其实，发展到这一步，宋不但没收回失地，还开始纳贡了。

与此同时，北方又有夏的兴起，与宋为敌。夏是党项族的一支，其祖先曾封夏国公，在唐代时更赐姓李，在河西担任节度使。宋太宗时邀李继迁入住京城，意图计杀，但却失败。他逃回西北后，遂与宋交恶了。公元1038年，李继迁的孙子李元昊在兴庆府（今银川）建立西夏。创西夏文，征战扩张。在随后三年间，他曾三度南侵，北宋无可奈何。不过，由于他的目的只是炫耀实力，很快便又与宋议和，从而取得宋的纳贡。宋的议和代价是每年向西夏赐绢13万匹、银5万两及茶叶2万斤。换回来的是，西夏同意在名义上向宋"称臣"。

北宋的无力御外又一次暴露。此时辽又要向宋趁火打劫了。开国初北宋欲向辽取回燕云十六州的失地未果，现时辽却提出要北宋交出后周时所抢去的十个县。宋也只好如言割地，并且，每年的岁贡又添加了数目。靠议和与纳贡来维持边塞的苟安，宋于是把负担压到百姓头上。

三、变法反复，民乱频生

北宋从一开始便是积弱积贫，很快在下层阶级发生叛乱。建朝后不过30年，就有王小波、李顺等造反。虽然是镇压下去了，但后继者仍此伏彼起。其间具声势的，在安徽有王伦，在陕西有张海，都是由于当时的饥荒和苛政导致的。王小波那时就说："吾疾贫富不均。"

如何解决北宋时的贫弱问题，朝臣士大夫各有不同意见，这就形成了始于仁宗、英宗，至神宗、哲宗时的派系党争。以范仲淹为代表的一派，最先强调实行改革，重点是练兵和吏治，指出武事和行政之弊，未果。至神宗时，以王安石为首的另一派，主要针对理财生产，获支持和推行 8

海南岛海口郊区，苏公祠内的苏东坡字迹。　　　　　　　　　　　　蒋齐生摄

年，未见成效。王安石曾认为："生产少则民不富，民不富则国不强。"到哲宗继位时，初由太后摄政，用司马光为相。他承继了旧派范仲淹、欧阳修等人的主张，尽罢新法。然而，在旧派中又出现了对改革的部分不同看法，于是，就分裂为三派。以程颐、苏轼、刘挚各领洛、蜀、朔党争权。哲宗亲政，起用新派，又向旧派报复。连死了 7 年的司马光也被追夺官衔，几致鞭尸，纯为私怨。

徽宗接位，荒淫奢侈，爱富丽堂皇的场面，好奇花异石的收集，筑殿置园，浪费无度。农民造反频频发生。这段时期以在福建的方腊和梁山泊的宋江最为著名。

方腊在造反时宣称："赋税繁重，官吏侵渔，农桑不足。吾民求一日饱食不可得！"所以，人民无以为生，就是造反因由。方腊与追随者转战至浙江后败死。

宋江所领导的造反骨干实际上只有 36 人。也是采取运动战的策略而到处转移，时常以少胜多大败官兵，在传闻中令来剿者胆怯。这支队伍的造反史就是施耐庵的著名小说《水浒传》的题材。梁山泊是山东境内一处方圆达 800 里的小湖泊地区，人民依靠蒲、鱼、莲、藕为生，后被官府收为公地，加重赋税，漏报者罚。在苛政和污吏的压迫下，宋江等人就聚起来造反。他们其实没发展到万人之众，只是流动性强，人人骁勇善战。据史书称，宋江等人于公元 1119 年已迁离梁山泊向南移。公元 1121 年在鲁南苏北地区曾遭到海州知州张叔夜连串伏击，损失严重。他们进入河北后又屡被围剿，最后，在宋军多面合围中或死或俘，梁山泊的造反队伍终被镇压。然而，山东河朔等地于公元 1124 年仍有农民造反，但金兵已分兵南下，金灭北宋的战争来临，那是一场民族存亡之战。

四、皇帝崇道，加封教主

北宋皇帝非常崇道。道士受宠出入宫廷。在赵匡胤登基前，就曾借符命吹嘘，预言他有帝王之命。其弟赵匡义亦受益，因道士说他有仁心，他所以能接替皇位，是天上玉帝下诏的。还有一个传说，在他们年幼时，其母以竹箩挑二人上路，途遇道士陈抟，他竟哈哈大笑道："谁说当世无天子，这里就坐了两个！"兄弟果然都登帝位。

五代以来道教衰微，宋开始后逐渐复兴。在宋太祖及宋太宗的大力支持下，宫观被重建，信道者日众。

他们之后，辽国强大，北宋皇帝常有强敌压境之危，就退而向道教神灵谋求慰藉。道士们看准了这点，就出了一个新主意，给赵家皇裔编造了一个道神祖先，并以天书下降，称他为赵玄朗。这样赵家天子与道教神仙就有了直接联系。真宗为此建造宫观，打造神像，设立道场。想从心理上获得神灵的眷顾和保佑，道教被进一步推崇。

至宋徽宗期间，崇道达到顶点。先是徽宗登帝位后，依然为儿子数目少而感不安，有道士给他看风水，建议在后宫东北角加土填山，之后果然连得数子，徽宗简直从此入迷。整个朝殿及后宫，顿成了道教天地。到处都是神像灵幡，各类道士川流不息。又说他常梦见太上老君，有朝臣讨好地上表，要求加封他为"教主道君皇帝"。

当时最得宠的道士叫林灵素。因为他为徽宗编造了另一神话，他说："天有九霄，神霄最高。"他说徽宗就住在神霄宫内；又说徽宗是上帝的长子，连诸多朝臣及妃子都是神霄宫下凡的，当然也包括他自己在内。这无疑是皇权神化的道教版。林灵素很快被徽宗封官加爵。除此之外徽宗还一度实行扬道抑佛的政策，意图把全国佛寺佛徒改名归入道教。他曾下诏："佛改号为大觉金仙，余为仙人、大士；僧为德士，易服饰，称姓氏。寺改为宫，院改为观。又女冠为女道，尼为女德。"他设道官26等，道职8级，最高职位者称"金门羽客"，可以身带令牌，自由出入禁中。林灵素自言懂雷法，创道教神霄派，能呼风唤雨，善祷雨降妖。之后，有王文卿，称能预知天数，又能役使鬼神。他曾要求徽宗让他训练神兵，因未获许，拂袖而去。总之，各类道士接踵而来，施法求官，充斥宫廷。只是，真正的神灵没出现，金兵却打来了！

那么，儒学到宋代又怎样？北宋二程（程颢、程颐）及南宋朱熹都提倡"理学"，这是新的课题。

他们认为，"理"是宇宙本源，先事物而存在。是它创天地万物，并凌驾万物之上。"理"是第一、最先，由他派生一切，其他都是第二、次要。又因"理"是不变而又永恒的，所以亦称"天理"，如同"父子君臣"。于是归根结底，一切儒家伦常都是天理、永恒不变。这样的引申套用，以"理"代"道"，其创意仍属互借。

南宋朱熹将"理学"进行再发展，他主要在"理"中加上了"气"。他说，"理"是本原，"气"是材料。又说，"气"是金、木、水、火、土、阴、阳。其实，也就是道家所说的"阴阳二气演化万物"。所不同者是朱熹把"理"说成是"仁、义、礼、智"，这依然是回到了儒家的那一套三纲五常。他说"纲常万年，磨灭不得"，依然是要维护封建秩序。

南宋另有陆九渊倡"心学"。他说，宇宙便是我心，我心便是宇宙。他不但不承认心之外的物质世界，甚至认为这客观世界只是心的产物。他亦是儒家学者，所以，他又表示"心即理"；理既是仁义，心亦是仁义。这和二程的那一套"理学"分别不大，改的是代入词，既有禅又有道。由此可见，儒释道三教的义理，正在融合。

五、金国兴起，北宋灭亡

北方除了辽与西夏，另有新兴的女真族。

公元1114年，贵族阿骨打在统一女真族后，向统治者辽国发起袭击，以800人攻下宁江州（今吉林省扶余），部众增加到3000多人，再取辽的重镇出河店（今黑龙江省石头城子），把降军收编至1万众。翌年1月，阿骨打仿汉制称帝，建国号金。继续在东北方发动灭辽战争。

辽主天祚帝曾亲领大军10多万人东下，被女真人打得大败，从此辽国威名大损，金国势力迅速膨胀。

公元 1119 年，阿骨打攻占辽国上京临横府，翌年又继续攻占了辽国的中京大定府、西京大同府及南京析津府。至公元 1122 年，他攻下燕京之后染病死去。

他的弟弟继位，为金太宗，继续灭辽战争。

与此同时，金采取了睦邻政策，与东面的高丽、西面的西夏及南面的北宋，保持着友善的外交关系，并且分别与西夏及北宋签订了灭辽的盟约。公元 1124 年，西夏正式向金称臣，获交还辽占的土地，又同意若辽主逃入夏境，自当将他绑了交给金国。宋亦与金订有盟约。不过，辽主天祚帝于 1125 年战败逃亡中被金兵捕捉，辽亡。

两个月后，金兵南下，金灭北宋的战争开始了。本来当金人与辽交战期间，宋曾遣使与金谈判，同意由宋攻打燕京，以牵制辽国的军力。一旦事成之后，宋将取得辽占的燕云十六州，宋转而向金邀纳给辽的岁贡。只是，宋曾二度发兵攻打燕京，都失败了。最后，还是金攻占了燕京，所以双方原来的协议就不算数了。金反而知道宋弱。于是，在消灭辽国后，分兵两路南下，便要消灭宋朝。金兵第一路打向太原受阻挡；第二路却很快压向汴梁。宋徽宗吓得赶紧让位给儿子，单独与太监等逃到镇江。朝内的主战派力拒金兵于城门外，各地增援，近 20 万人。主和派在皇帝的面前占上风，终于以大量黄金、白银、牛马、衣缎取得了和谈。金兵走了，汴京解围，宋徽宗亦被接回来。可是，不到半年，金兵又再攻来。这是第二次南下灭宋。

公元 1127 年，金破汴梁，大肆抢掠。最后俘虏徽、钦二帝和亲王、后妃、百官、内侍、僧道等北去，曾维持 168 年的北宋王朝灭亡，史称"靖康之难"。自此，徽、钦二帝被囚在五国城充当奴隶，徽宗常要在宴席中端茶奉酒，8 年后被毒死；钦宗被分配去充当骑兵，20 年后因在疲劳中坠马，被随后的马队连番践踏而死。

第26章　南宋与金（下半段）

一、帝斩岳飞，忠义同愁

北宋灭亡，南宋开始。但若从宋家皇朝的角度来看，北宋与南宋实际上毫无差别。开朝皇帝高宗是钦宗的弟弟。他侥幸地渡过长江，遂被推举承继帝位。唯一就是京城地点不同：一在长江以北，一在长江以南，在当时依然属宋家天下，北与南是后来史家将它这样区分。

北方金国兵强势大，把北宋二帝都掳去了。本来最大的急务是如何收复失地，如何救回二帝，但高宗只会逃。从1127年至1138年，一连转了几处地方（包括南京），最后才在临安（浙江杭州）定脚。接着复用秦桧为相，遣使去向金议和，待金国同意了，又遣使去拜谢。当时著名抗金宋将，如韩世忠、岳飞、张俊，一致表示反对。高宗只望议和了事，一心做偏安的皇帝。岂料金国内乱，换了新皇帝后，矢志要灭南宋。公元1140年5月，金派兀术统兵南下，直抵河南开封。高宗毫无选择，只好命众将应敌。从6月到7月，韩世忠在江苏、岳飞在河南均大败金兵；尤其是岳家军，大破金国兀术赖以所向无敌的拐子马，进兵至朱仙镇。金兵虽10万之众，却惊栗不敢战。岳飞意气风发，曾对其所部语："直捣黄龙府（在今吉林），与诸军痛饮！"金兵元帅兀术亦叹："撼山易，撼岳家军难！"本来已是形势大好，但高宗却只存心议和，竟下诏退兵。又恐岳飞不依，遂连下十二道金牌，催促岳飞回京。

史载，"十年之功，废于一旦！"是岳飞遣诸将回武昌时之叹。翌年4月，韩世忠与岳飞被罢兵权，二人分封为正副枢密使，明升实降，闲处家中。秦桧起用张俊，亦封任枢密使，张俊同意议和，任金兵再南下。兀术密函秦桧："必杀飞，始可和。"8月，高宗罢岳飞副枢密使职。10月，秦桧与张俊谋，诬指岳飞、其婿张宪、其子岳云谋反，均在临安被绑下狱。朝臣多认岳飞无罪。韩世忠向秦桧追问。秦桧答道："此等事，莫须有。"韩世忠遂回斥："'莫须有'三字，何以服天下！"遂亦被罢枢密使职。至12月，高宗下诏赐岳飞死；婿张宪，子岳云亦被处斩。

公元1142年3月，南宋与金议和告成，金遣使至临安册封高宗为帝。至此高宗得偿所愿，偏安江南。

历来，中国人喜欢用这段历史来刻画岳飞的一生是忠良的典范。却少提及他是皇权独占的枉死者。试问岳飞若是胜了，甚至接回钦宗，皇帝将又由谁来做？就因岳飞主战，高宗想和，特别是在大胜之后，两人的想法不一样。岳飞从民族存亡的角度，要北上攻金国，誓雪靖康之耻，甚至迎回宋帝；高宗从个人稳坐帝位来考虑，仅希望能偏安，但求继续为帝，什么都可牺牲。所以，最后岳飞便被赐死，秦桧被封魏国公，钦宗继续被囚在金国。

故此，高宗原有振作机会，却刻意地自动放弃。岳飞之死无疑是关键性转折，之后，韩世忠心灰意冷地隐居，张俊被利用完了亦被罢官。南宋自此只有求和纳贡。

二、田制不立，农民当灾

开国以来，田制不立，是两宋最大的政治弊端。其实就是政府没有明文抑制土地兼并。于是，土地高度集中在贵豪的手里，造成举国之内，贫者越贫，富者越富。在农民难以为生的区域，主户（拥有田地）和客户（替人耕种）的比例竟达到90%，难怪农民起来造反。

宋的开国与众不同，它没有农民作乱的连年战祸，也没有群雄竞起的多方角逐。赵匡胤穿上了龙袍就改朝登基了，因此，社会未经特殊破坏，土地仍未恶性兼并。北宋不像其他的朝代那样急需设法调和两极贫富分化的矛盾是可以理解的。但是，在以农立国的社会，在封建专制的国度，土地渐趋兼并，亦是必然现象。所以，北宋到了最后阶段，像宋江与王小波的作乱就会相继出现。转入南宋，农民持续造反，之所以未成气候，或是未获史家重视，皆因金人大举侵宋，民族存亡更为紧迫。

公元1130年，钟相在洞庭湖一带传教行医，以摩尼教宣扬光明战胜黑暗，组织客户（农民），反抗主户（地主）。他曾提倡"分财互助"，"等贵贱，均贫富"。据说，远近来投奔者，昼夜不绝，势力越来越大。钟相自称楚王，并在湖内设寨，四处劫富济贫，常与官府为敌。他虽然曾屡破地主及官兵的围剿，却终遇袭，遂被擒杀。部众推举他的次子钟义继续据寨称王，并拥杨么从旁辅佐。

杨么年少，善于水战。他利用洞庭湖水泊环境，分设十寨，面水靠陆，把部众编成且战且耕的队伍，既可分头抢贵劫富，又可锄地农耕。这样坚持了5年，打退无数次进剿。公元1135年，宋以岳飞带兵前来，围至6月才取攻势。时值收成，杨么部众既忙于收割，又频于应敌，最后疲于奔命，不能兼顾，卒遭岳飞所部或俘或杀。在那封建的时代，据寨称王者属贼，因而岳飞镇压杨么，韩世忠杀方腊，对与错，都可惜。

与此同时，金兵在攻打南宋时，烧杀抢掠，更是无恶不作。因此，长江流域满目疮痍，社会经济被严重破坏。南宋初时有监察御史奏，宋军不敢与金兵对阵，总是敌未来就逃跑了，而且纪律很坏，所过之处，比盗贼还凶蛮。自江西至湖南，所至残破，十室九空。其情况是，金兵未到，溃兵先到；宋兵走了，追兵又来。焚杀搜掠，两者同样。此外，饱受战争之苦的农民，还要负担种种的赋税，常赋之外，因为战争，屡有加征，名目繁杂。总之，面对这样的时势和社会，南宋百姓的日子确实不好过。

三、南宋偏安，积弱难返

偏处江南，苟且偷安，是南宋皇帝的求存心态。

公元 1141 年，岳飞被处死了，宋金双方达成"绍兴和议"，宋帝向金称臣，割地纳贡，两国相约不再用兵。自此，南宋每岁向金贡纳银 25 万两、绢 25 万匹。次年金册封高宗为宋帝，亦即南宋成为金的属国。抗金将领韩世忠与张俊均被罢职。秦桧主和有功封魏国公。

公元 1161 年，金帝完颜雍撕约，率兵大举侵宋。高宗惊惶失措，意欲航海避敌。但为朝臣所阻，又不知怎么办，最后决定让位给他儿子，自己退居做太上皇。翌年孝宗登位，一度曾想振作。他为岳飞昭雪，以礼改葬，并访用其后人。起用张俊为枢密使，以攻为守北行御敌。初战告捷，连下六州。然后在安徽符离县惨败。孝宗害怕起来，又格除了张俊，改用秦桧余党赴金进行议和。公元 1164 年，宋金达成"隆兴和议"。这次的条件是，宋向金自称侄，今后为叔侄国。原来岁贡，改称岁币；年额减为银 20 万两、绢 20 万匹。南宋放弃所收服的六州土地。

然后，孝宗在农民连年造反的困境中又效法高宗让位给他儿子光宗，自己称太上皇。但光宗更无能，5 年后又让位。宁宗接位，受制权臣。在主和与主战的朝臣中，自己毫无主意，任由两派内斗。最后韩侂胄胜，主张北伐。公元 1204 年，为了振奋士气，追封岳飞鄂王，并在镇江为抗金名将韩世忠设庙。备战两年，下诏伐金。但北上才 3 个月，宋军便诸路大败。金则分兵九路南下，节节进迫，南宋求和。公元 1208 年，双方终于达成"嘉定和议"。此次，宋向金仍称侄，今后为伯侄国。南宋每年贡额增为银 30 万两、绢 30 万匹，又献韩侂胄首级才换回失地。

南宋与金的邦交关系是一段漫长又屈辱的历史。自从北宋徽、钦二帝被掳之后，南宋开始，再三求和，先是订立"绍兴和议"，宋帝向金称臣；继而又订"兴隆和议"，宋帝奉金帝为叔父；然后再订"嘉定和议"，宋帝尊金帝为伯父。卑躬屈节，每况愈下，南宋积弱难返。

公元 1232 年，蒙古国大汗窝阔台向宋提议共同夹攻金国。南宋长期受辱，自然马上答应。然而南宋当时大概没有想到，金国亡了，屏障顿失，蒙古人 3 年后便大举侵宋了。这一仗竟然在种种原因下前后相持了四十年。

四、道佛相争，较量升级

作为中国帝制时代的宗教，道教与佛教曾长期并存。它们同时起于汉末，传播时互相依存又互相取借。可以这样来理解两者间的关系：最初，佛以外来宗教传入中国，曾刻意地用道教的惯用词语解释其教义，借此更加接近下层百姓，到取得一定信众后，尤其经过两晋南北朝的发展，势力逐渐庞大，与道不相伯仲，便要彼此划清界限。于是，佛道两教开始发生义理争论。南北朝时，进入第一个论战高峰期。结果，导致周武帝的灭佛又灭道，双方都不讨好。毁寺焚经，但没杀人。到两宋时，道佛两教经历隋唐五代变化，再趋蓬勃。在这段期间内，道教在义理上借用了不少儒佛的思想，来渲染道的世界，因而，可以说争论中出现更多融和，开始有三教同源的讲法。

南宋末期，全真道士丘处机获蒙古成吉思汗的推崇，道教在北方突然间发展神速，不但明显地压倒佛教，还大量吸收僧尼寺庙。不过，后来因蒙古皇帝如忽必烈成为密宗信徒，以佛教为国教，佛教遂借政治高压的手段，夺回了失去的宗教阵地，重改辖下道观为庙，迫道士还俗或信佛。这样，本来只以辩论方式开始，却以焚杀道观道士结束。宋末元初发生的所谓三焚《化胡经》事件，就是佛道两教互借政治力量进行较量的第二次高潮。

佛教原分大乘、小乘，在于修行终点有别。小乘以个人能登极乐世界为目的；大乘偏重大众，除了自己，顾及他人，要世人都信佛，经轮回后得救。因此，既需要不断推广，又需要后继有人，在传宗接代上较为汉人接受，其中尤以净土宗及禅宗广为流行。而密宗则行于西藏。佛教在中国传播中曾经历过所谓"三武一宗"的劫难。第三次"武"劫发生在唐武宗时期；一"宗"之难发生在五代后周周世宗时期。许多佛学经典因而遭受焚毁，遂间接地导致经学派的衰落。净土宗及禅宗较少涉及理论，尤以禅宗一派，以顿悟为主导，信仰和成佛就更加简单易行了。

隋唐五代两宋是道教的繁衍时代。到了南宋后期，北方则重炼金丹，有全真道、真大道、太一道。南方偏习符箓术，传龙虎宗、茅山宗、阁皂宗，合称三山符箓。后来，南北改革逐渐合流，北方全归全真一派门下，南方最后汇入了龙虎宗，亦即以前的天师道，合成后称正一道。自此，以北全真及南正一的格局继续发展；明清以后，走向衰微。

五、逃亡路上，错过九龙

南宋京城临安被元攻陷，6岁的恭帝亦被掳去，皇太后奉玉玺表示投降，南宋皇朝自愿献出江山。但是还有一些臣民不甘败落，拥立漏网的帝子作最后挣扎。

公元1276年5月，张世杰等在福州推举9岁的益王继承宋家大统，是为端宗，支撑残局。继而以文天祥为枢密使，与陈宜中同督诸路兵马，挡拒元兵于福建与江西。同年11月，元兵大举攻入福建，南宋端宗文武官员登舟南逃。据称，当时依然率军有17万，民兵达30万。他们一路先至泉州，再遁潮州，然后惠州，简直如同丧家之犬。甚至一度遣使奉表向元请降，元军派人陪他专程转赴大都。另一方面是，宋元交兵继续，宋将降元颇众。翌年8月，文天祥在江西兵败，率余部逃走至广东；但妻儿家属全被俘，押解途中其二子俱亡。元曾派人向文天祥说降被拒。

与此同时，张世杰带端宗逃奔井澳（即今广东中山）。元兵尾随而至，入海退浮雷州。端宗因曾沉水，获救起后大病。1278年4月，端宗不治身亡，时年仅11岁。众人于是奉端宗之弟卫王接位，是为度宗，年刚7岁。六月迁至新会崖山，认为是天险地，遂决定伐木造营居住。同年闰11月，文天祥在广东潮阳五坡岭兵败后被俘，押送燕京处死。他为后世留下一绝命诗，内有"人生自古谁无死，留取丹心照汗青"之句。另有"正气歌"传于世。

公元 1279 年 1 月，元兵围攻新会崖山。张世杰以千船在海上排成一字阵，相互系连，筑楼泊海，与元兵展开生死战。困十余日，宋兵疲乏，溃不成军。张世杰派小舟欲接度宗突围，陆秀夫恐被俘，负幼帝蹈海死。后宫诸臣从死者众，浮尸海面，与兵同殁，史载达十余万人。张世杰虽与16 舟闯出港口，待溃散后稍集，即登舵楼焚香，向天遥问："此天意乎？"亦投水死。南宋亡。

香港岛对面的九龙城有宋皇台遗迹，称南宋度宗曾逃经这块地方作过停留，然后西去企图退到一处可以立足之地。最后，竟又弃陆浮海，与元兵水战，师败蹈海而亡。相传，宋度宗在九龙曾做过一个梦。梦中有一仙人指点，若他长驻十龙之地，大宋可以从此复兴。他醒来后，尽告从臣。于是决定从九龙再起步，希望在下一站找到十龙。后来有堪舆家认为，他们错过了这块宝地。那是因为，早已习惯于逃跑的南宋君臣，忘记了度宗本身亦龙的化身。九龙之地，又来了一龙，刚巧就是十龙；只是他们没有久留，便继续去了广东新会。南宋就此走到了它的历史尽头。当然，迷信与梦幻之言不可信，仓皇与幼稚却可见一斑。

第 27 章　元

一、成吉思汗，兴起大漠

蒙古族人起自大漠，以骑射和悍勇著称。

至 12 世纪后期，族中出了个铁木真，他是一个部落领袖之子。他 9 岁那年，父亲被毒死，他与母亲及弟妹被追捕，有一段苦难流亡的少年时期。终于，他先团结族人，后统一了全蒙古，公元 1206 年称汗，史称"成吉思汗"。

他有 4 个善战的儿子，皆为正妻所生，分别叫做：术赤、察合台、窝阔台、拖雷。他生前曾教训他们，团结起来才有力量，分散就会被人打

成吉思汗

败。他以折箭示范为例，4 支箭加起来，难以折断；若是分开，轻而易举。他常带领他们征战。自改称蒙古大汗后，翌年便向外扩张。第一仗派军队降服西夏，北掠西伯利亚一带部落，转而南下迫巴尔喀什湖的诸族降服。公元 1211 年开始攻打金国，1214 年兵围中都。金国求和，南迁开封。蒙古大军尽占黄河流域之地。公元 1218 年遣兵西向，攻灭西辽（今新强）。

公元 1219 年，成吉思汗以蒙古使者被杀害为由，亲率 4 子及 20 万大军，攻打花剌子模。其国王逃往印度，蒙古军追入印度。继而进军黑海周

围，至伊朗的北部，征服亚美尼亚，绕过高加索入南俄草原，然后引兵南返。这是蒙古军的第一次西征，把领土扩大到中亚细亚一带。

公元 1223 年，成吉思汗大军回程中在阿富汗首设"达鲁花赤"（亦即元代"掌印官"，专门负责地区行政）。

公元 1226 年，成吉思汗率军进攻西夏。公元 1227 年，尽占西夏城邑；6 月，夏王被执北归，西夏遂告灭亡。

同年 7 月，成吉思汗病死在六盘山下的行宫。他遗言要 4 子团结，志霸中原，并详述灭金国策略。他终年 66 岁，遗体葬于起辇谷。拖雷先监国两年，后由窝阔台继位。

窝阔台依照其父的遗嘱，1230 年向宋借路，并遣使约宋联合攻金国。前后曾用兵 4 年，才卒将金国消灭。

从公元 1235 年至 1244 年，蒙古军发起第二次西征。史称"长子西征"，是由成吉思汗 4 子中的长子领军。他们依次序是拔都（尤赤长子）、拜答儿（察合台长子）、贵由（窝阔台长子）、蒙哥（拖雷长子）。这次，西征军先后进击俄罗斯，败匈牙利，攻入波兰，止于加里西亚平原。撤军东返途中，拔都在伏尔加河下游建一城，成立钦察汗国，史称"金帐汗国"，后统治俄罗斯诸国 200 多年。

从公元 1253 年至 1259 年，蒙古军发起第三次西征。当时的大汗蒙哥派其弟旭烈兀领军。此次，败木剌夷（今伊朗），降大食国（今伊拉克巴格达），攻占米索不达美亚，入西伯利亚、逼近埃及。于公元 1260 年建立了伊儿汗国。

与此同时，蒙古又出兵侵宋，开始了长达 40 年的战争。

二、忽必烈汗，建立元朝

元朝是由忽必烈建立的。他就是拖雷的第二子，是第四任大汗蒙哥之弟，一代天骄成吉思汗之孙。

成吉思汗死后传位给窝阔台。窝阔台秉父志入中原图霸业。先联宋灭金，再南下侵宋。这是首次，只用偏师。因为蒙古军的主力都随四大长子西征去了。因此，蒙古兵被宋军阻于襄阳、樊城及四川与安徽的战线之上，互有胜负，都是非决定性的战役。大汗窝阔台死，其子贵由继位。只两年，贵由死。拖雷长子蒙哥获推为第四任大汗，他以其弟忽必烈管大漠以南诸地。公元1253年，蒙哥命忽必烈进军云南，翌年降服大理；次年又征安南；继而大将兀良合台打败西南夷族。然后，蒙哥兵分三路从西部攻打宋：兀良合台攻入广西；忽必烈攻鄂州（今日武昌）；蒙哥亲自督师围迫四川合州。公元1259年7月，蒙哥中流矢，不久后身亡。

忽必烈为急回蒙古争夺承继汗位，遂与宋丞相贾似道秘密议和撤军。公元1260年他在开平即大汗位。

幼弟阿里不哥不服，竟在和林亦称大汗。和林不仅是蒙古国首都，而且有部分贵族支持他。于是，二人遂展开了连场角力。双方争战近两年，忽必烈获胜。

公元1271年11月，忽必烈依他录用的汉儒建议，废除蒙古国国号，改为"大元"，取《易经》中"大哉干元"之义。稍后以燕京为首都，改名"大都"，"元朝"开始。同时，追封成吉思汗为元太祖、窝阔台为太宗、贵由为定宗、蒙哥为宪宗。忽必烈称为元世祖。全依中国帝制惯例。

随后又发兵南下侵宋。派伯颜领兵20万，围攻4年，樊城破，襄阳降。元兵分路推进，各地军民抵抗。

公元1276年，元兵迫近临安，一月宋太后派使臣奉玺请降，伯颜接受后，入城收国库，掳宋恭帝及后北去。宋将中途拦救未果。宋臣拥二王子南逃。同年5月，张世杰在福州拥立益王为端宗。公元1278年败走广东雷州，端宗死，年11岁。张世杰、陆秀夫立卫王继位，年仅8岁，被拥退驻广东崖山。公元1279年2月，元军合围，双方战于海上。宋败，陆秀夫背负幼帝蹈海死。张世杰亦投水。

至此，宋亡。元结束了宋、辽、夏、金长达300年的分裂局面。天下又归于统一，蒙古族入主中原。

三、民族压迫，民分四等

蒙古人以少数民族中的一员入主中原，为了要巩固其统治的地位，忽必烈采取了一系列民族压迫政策。他把全国人民分为四等，分别予以不同的待遇和限制。

第一等是蒙古人。这包括原来蒙古各部的人。他们拥有各种政治、法律、经济特权；是处于统治地位的民族。

第二等是色目人。这包括西夏人、维吾尔族人、回族人、西域人和居留中国的部分欧洲人。由于他们归附蒙古较早，认为可以信赖，因此，地位仅次于蒙古人。

第三等是汉人。这包括原金朝统治下的北方汉人、契丹人和女真人。

第四等是南人。这包括原南宋境内的汉人和其他地处南方的少数民族。他们地位最低微，遭受到诸多歧视。

其实，忽必烈把汉人分为两等，亦含有分化汉人的企图。他想让汉人自身分裂，削弱他们反抗力量。

这种民族压迫政策，表现在以下几方面。首先，在政府各级机关中，多由蒙古人任正职，掌实权；汉人、南人只能担任副职。尤其地方上的主管"达鲁花赤"一职，均由蒙古人担任。而且，在法律上，蒙古、色目、汉人，若然犯罪，均由不同机关审理；同罪，却不同罚。例如，蒙古人打汉人，汉人不能还手。蒙古人若打死汉人，只判流放、充军；而汉人打死蒙古人，就必须要抵命。

在经济上，政府若征马匹，蒙古人全免征；色目人三取二；汉人则要全取。又一再地禁止民间私藏武器。

另外，还要在职业上划出级别，计为：一官、二吏、三僧、四道、五医、六工、七猎、八娼、九儒、十丐。由此可见，这套政策是明显地要轻视和抵制读书人。

四、三次西征，世称黄祸

蒙古族在入主中原之前，其所辖的国土已经横跨欧亚两地。除本部大漠草原外，还有四大汗国。一、钦察汗，领土包括俄国南部、波兰东部；二、察哈台汗，拥有天山南北、阿富汗及印度西北；三、窝阔台汗，包括西辽全部故土及新疆一部分；四、伊儿汗，包括波斯及地中海以东一带。这四汗国，各自维持了100至200多年。

忽必烈宣布建立元朝时，蒙古军仍处于灭宋战争过程中。襄阳樊城两地，仍在南宋手上。不过，蒙古早已据有黄河南北地域，包括吐蕃（今西藏）、西蜀（今四川）、云南、大理，甚至广西及其周围的蛮夷族。灭宋以后，当然尽占长江流域以南诸地。元帝国的版图确实是空前广阔的。

不过，忽必烈对此仍然不满足，依旧喜欢穷兵黩武，向周围的国家进攻。但是，已不再是战无不胜了。

忽必烈在世时曾先后两次发兵征日本。第一次在公元1274年，派兵舰900艘，载兵15000人。本曾攻入壹歧，掠夺一番后，遇上大风，船多沉没，折损而归。第二次在1281年，他发10万大军，高丽派兵配合。此仗竟又败得离奇。史载："八月，诸将未见敌，丧全师而还。"原来元军抵日本时船遇暴风破坏。诸将择坚船乘坐，尽弃士兵于滩下。"日人来战，尽死。余二三万为其掳去。十万之众，得还者仅三人。"这的确是一场全军覆没之战。

公元1283年，因安南、缅甸拒来朝，忽必烈曾几度派兵前往征伐，但都没有带回好结果。公元1293年，更曾远涉重洋，派兵进攻爪哇。一时虽曾屈服，但蒙古撤兵后，连留守都被杀了。由此可见，蒙古军队也时常吃败仗。

五、争位内斗，自取灭亡

不过，蒙古族人好战以及善战是无可否认的。由成吉思汗至忽必烈各大汗统治期间，几乎连年征伐，战争总在继续。忽必烈后，开始守成。王室贵族把精力用于权力的内部争斗。尤其是皇位的继承，几方时常兵戎相见。特别是由武宗至宁宗，20 年之内换了 8 个皇帝，可见王室间争权之剧烈。这也是因为元朝体制中没有妥善的传位定制，每次由贵族诸王开会议定，这就更容易造成彼此间的争夺。

另外，由于重武轻文，贵族全是军人。因此，皇帝与大臣除了相互的权谋争斗，就是享乐与剥削。至最后一个皇帝时，一方面是皇帝自身荒淫无耻，群臣争权，诬陷兼施。另一方面是对人民的压迫极度加重，到处是饥民饿殍。其间，更欲采取极端的民族主义政策去加强武力统治。有丞相曾建议"杀张、王、刘、李、赵五姓汉人"。顺帝未允，才终作罢。但是，民族间的矛盾不断升级。

公元 1348 年之后的 20 年中，汉人造反队伍先后曾计有方国珍、韩山童、刘福通、徐寿辉、张士诚、朱元璋等人。他们之间相互竞逐，最后都为朱元璋所败。

公元 1368 年 7 月，朱元璋所率大军已迫近大都，顺帝弃城逃往漠北。8 月，朱元璋占大都，宣布元亡。

元朝（1271—1368）自忽必烈改国号称世祖算起，共传 11 帝，历 97 年。蒙古族在中原的统治宣告结束。

第28章 明之建立

一、和尚当兵，做了皇帝

明太祖原名朱元璋，他贫困时曾当过和尚。

自幼家贫，替人放牛。朱元璋在10多岁时父母双亡，不久连兄长都死去。于是，他投靠皇觉寺当了和尚。寺内僧人派他四处化缘，就此飘荡八方，走遍长江下游。他本是濠洲凤阳人（今安徽省）。元末群雄并起，各地竖起反旗。人祸天灾，民不聊生。3年后他返回皇觉寺时，先前那些和尚都跑光了。童年玩伴汤和劝他投军，他就加入了郭子兴的造反队伍。由于作战勇敢，很快崭露头角。郭子兴叫他去募兵，他便回乡找了24个人，组成了一个核心，由他率领着战斗。他们一直追

明太祖

随着他，都成了日后的开国功臣。其中尤以徐达、汤和最为显赫。

郭子兴很看重朱元璋，并把义女马氏嫁给他。朱元璋的崛起，是在郭子兴死后。他统率了余部，招纳人才，逐步扩大，在造反队伍中雄踞一方。

171

元末群雄之中，以红巾军最强。原依附白莲教，后建立小朝廷。最初时韩山童预埋独眼石像，设计挑动治理黄河民工叛乱，提出反元复宋口号。他战死后，众推举其子韩林儿为小明王继续战斗。郭子兴本来亦是这个阵营中的主要力量之一。朱元璋接替领导后，被封为兵马副元帅。

公元1356年，朱元璋攻陷集庆（今江苏南京），自称吴国公，遥尊小明王。他改集庆为应天，与众雄争夺天下。

在随后几年内，造反群雄中徐寿辉被部将陈友谅杀而代之。陈友谅率水师东下，与朱元璋对垒，战败阵亡。扶持小明王的刘福通遭张士诚攻杀，朱元璋前往解围，移小明王至安徽。公元1364年春，朱元璋称吴王。随后两年，灭张士诚。朱元璋派部将苏永忠去接小明王，归途至江苏瓜步时，小明王因船沉溺死。翌年，朱元璋命手下大将徐达及常遇春北征。所向披靡，势如破竹。半年，兵围大都。元顺帝不敢战，留丞相守城监国，自率后妃逃往大漠。

公元1368年正月，朱元璋称帝，取国号"明"，为"明太祖"，以应天为首都，立马氏为皇后，朱标为皇太子。同年8月，徐达破元大都，杀元监国丞相，元亡。

二、谋士刘基，誉比诸葛

朱元璋的谋士名人不少，其中以刘基最为人乐道。

刘基，别名刘伯温，是元末的进士，多才。自幼博闻强记，通晓兵法方术，史家爱把他比喻为诸葛亮。他既懂天文地理，又能推算未来，一生留下许多惊世美谈。

让我们从他勤读书企图考取功名说起。据称，他14岁考中秀才，15岁中举人，23岁时得殿试第一，因他是汉人，遂贬为进士。其后，刘伯温曾几任元官，但又愤而几度挂冠。他对元朝腐朽政局，一再表示全盘失望。

就在他隐居不仕时，朱元璋慕名来拜访，一如刘备，三顾茅庐，最后还再托人相劝，终请得刘伯温投效。当然，在这以后，朱元璋如虎添翼，靠刘伯温在幕后运筹帷幄，决胜沙场，不只力挫元末群雄，还把蒙古人赶走了。

明朝立国后第四年，刘伯温以年老为由去辞官。据称，当时朱元璋正在进午膳，吃了一口饼，听传他求见，就把饼放回器皿内盖好。君臣见后，朱元璋说："先生精于卜算，可知皿中何物？你若然猜对了，朕就准你还乡。"这怎会难倒刘伯温。于是，他答："半似日兮半似月，曾被金龙咬一缺。此食物也。"开视，果然。朱元璋便续问天下后事如何？刘伯温以朦胧隐句作答，这就是著名的"帝师问答"，俗称为"烧饼歌"，预测其后世的治乱兴亡。

回家后不久刘伯温收到马皇后送来的一份礼物，内中只有"一桃数枣（谐音：逃走）"，就知道不妙了。原来朱元璋已派遣丞相送上汤药，刘伯温服后觉腹痛。翌日奏请告病还乡。才3日，皇帝派使者到。其子迎答，刘伯温死。入屋内，见其尸。亲睹焚化，回京复命。

不过，其后野史记载，刘伯温没有死。因他预料大祸来临，事前早已作出安排。他骗过皇帝使者后，就化装成道士出走了。从此隐迹山林，以方术济世。20年之后，有人在一旧庙墙上念到他填的一首词，曾这样感叹："浮世生涯一转空，今日韶颜，明日衰翁，万丁难挽逝川回，千古英雄，此恨都同。"道尽了人难与命运抗衡的无奈！

三、背后女人，品德称颂

朱元璋的正妻，本姓马氏，史书称马皇后。她原本是郭子兴的义女，是郭子兴把她许配给了朱元璋。她为人善良能干，既宽厚，又仁慈，对朱元璋打天下和治天下曾发挥正面作用。朱元璋对她很敬重，她死后没再立皇后。

173

据说，她原是农家女，父母早逝，孤苦无依，被郭子兴收养。19 岁嫁给朱元璋。从此随夫戎马军中。她的确是支持朱元璋成功的背后女人，处处为他的成败着想，长期充当他的秘书，把文书和档案都处理得井井有条。与此同时，她对朱元璋一直是百般维护，悉心照顾。

史载，在朱元璋名声渐隆的日子里，常被旁人进谗，受到不公囚禁。其中一次，在禁锢时，郭家二子断他饮食，企图把他饿死狱中。马氏得知，在前往探监时把两个热饼藏于胸前，结果朱元璋得饼充饥，马氏的胸口却被灼伤了。这件事为义母查知，劝郭子兴插手，才救了朱元璋一命。

又有一次，郭家二子声言请他同去喝酒。马氏知道他们要加害他，临行前吩咐朱元璋小心。半路中朱元璋心生一计，停马对天言语，然后回头走了。郭家二子追上来问原因，朱元璋说，上天在警告他，他们要毒死他。他们真的以为上天对他显灵，以后便不敢对朱元璋心存不轨。

朱元璋当了皇帝后，因他性多猜疑，顾虑日后江山，对功臣展开了杀戮。马皇后常劝他不要杀人，能阻便阻，能救都救。最后，马皇后病重了，自知寿命不长，拒绝服御医所开的药方。她说，人老了总要死，非药物能改变。她不愿意御医最终因其受责送命。她死时 51 岁，被谥为孝慈皇后。文献赞她：品德之美，举世无双。

还有这样一段插曲，说明朱元璋对她敬重。在她死后，一次太子朱标触犯了朱元璋，正要被治罪时，怀内跌出一画，是马皇后生前自绘的一幅负子行军图，朱元璋见图后痛哭不已。当然，太子朱标就因而被宽恕了。

四、大杀功臣，汤和终老

朱元璋和刘邦一样，得天下后大杀功臣。他们都由布衣当上皇帝，心中多疑多虑，总是恐防造反。他设眼线监视群臣，稍有差池带枷问斩，身边无人幸免。他登基后第 13 年，有人向他告发，丞相胡惟庸要谋反。朱元璋遂先发制人，杀胡惟庸及其党羽，受株连者达 3 万人。继而，朱元璋不再设丞相，直管六部，把大权集于己身。此案明史另有详载。据称，胡维庸有子驰马于市中，因意外仆死，祸及驾车者。后胡维庸杀车夫泄愤，朱元璋以此责他偿命。胡维庸为自保，与部分人串谋，相约与侵入东南海域的倭寇共事，叛乱被揭发后全被杀。

又有大将蓝玉，以谋反被诛。蓝玉原是大将常遇春的妻弟，初时追随在常遇春麾下领兵。骁勇善战，多立战功。洪武二十年以征虏副将军随冯胜北征；后因冯胜蒙罪，蓝玉代大将军。二十一年领军 15 万打蒙古，一直追敌至捕鱼儿海，从而瓦解了北元军，大胜而回，封凉国公。后来常遇春、徐达相继死，蓝玉封大将军，率军征战，常驻塞外。后因恃功高，屡霸占民田，兼贩私盐，蓄养奴婢。继而被御史所告发，蓝玉逐御史而益骄。朱元璋就以谋反罪杀他，受株连众将士 1.3 万人。史家认为，蓝玉该杀，但无辜者实在是太多了。

明朝开国名将中以徐达功高第一。这位朱元璋的童年朋友，又是创业时出生入死的伙伴，最后也遭朱元璋所毒害。据称，徐达背上生有一疮，医师嘱咐最忌食鹅。朱元璋却派使臣送蒸鹅赐食，3 天后，便死了。

朱元璋杀戮功臣，历史上实属罕见。他登基时论功行赏，曾分封了 6 个国公及 28 个侯。胡案时杀了 2 公与 13 侯，蓝案时又杀了 1 公与 11 侯。除此以外，还以其他原因，或以罪斩，或以毒杀。较显赫者，计有开国时的左右丞相，李善长以涉嫌谋反问斩，徐达被迫流泪吃蒸鹅而丧命。另外史载，洪武十年德庆侯廖永忠被赐死；十三年永嘉侯朱亮祖被鞭死；十七年杀临川侯胡美；二十五年杀江夏侯周德庆；二十七年杀定远侯王弼、永平侯谢成及颍国公傅友德；二十八年杀宋国公冯胜。

令人几乎不敢相信的是，他的亲侄义子朱文正在对抗陈友谅战争中，曾经奋勇卫城，因坚守南昌 75 日而力拒敌兵，战功彪炳，亦难免因故而被降罪处死。另外，他的外甥义子李文忠建国初曾获封兵马大都督，之后被改设"前、后、左、右、中"五都督，削他兵权，派人监视，最后以接近儒生每生怨言被杀。

在众多功臣中，唯一安享晚年者只汤和一人。因为汤和早知隐退，主动交还兵权，挂冠回乡终老。同时，他们是同村人，而且，最初是汤和劝朱元璋投军的。其他能幸免者，史载还有一公一侯，他们是曹国公李景隆和武定侯郭英。因二人知机，还田庄于朝，亦安享晚年。

五、燕子飞来，叔抢侄位

明朝的后世皇位，亦非由长嫡承继。

朱元璋与马皇后所生的长子就是朱标。朱元璋做了皇帝后，随即封朱标为太子。朱标诚惶诚恐地等待了二十五年，没做皇帝便死去了，继位的是他的儿子。他名叫朱允文，历史上称惠帝。他是朱标长子，朱元璋的长孙。若从传统的长嫡意义来说，这其实也算是十分恰当的。只是他只做了三年，便被叔父朱棣夺位，史称"靖难之变"。朱棣是朱元璋第四子，本来是封燕王，登位称明成祖，自此他的子孙就承继了江山，并且把国都迁到了北京。

据称，这一明初夺位之变，谋士刘基早有预言。他在流传下来的《帝师问答》里曾指出："城虽筑固，防守严密，似觉无虞。"但又转口说了这么一句："只恐燕子飞来！"这当然是隐喻。这一句，后人解释，不是指什么燕子，其实是指燕王朱棣。

史书这样记载，朱允文继位后，听信佞臣之言，大削朱氏诸王。他们本都是朱元璋的儿子，被分封到各个地方镇守。就因为各拥兵力，对皇帝多少是威胁，何况他们又是朱允文的长辈。因而诸王自危，发生抗衡局面。其中燕王朱棣拥兵据守燕京，以靖难为名，清君侧为号，发兵攻打当时的国都应天（今南京）。双方交战经年，最后燕王大胜。当他领军进入皇宫，惠帝早已不知去向。四下搜寻，亦未发现。于是便对外假说惠帝与皇后一起自焚死，化为灰烬。自此朱棣当了皇帝。他接着迁都至北京。而事实上，今日的北京原是燕京，是由他迁都时改名的。

关于明惠帝的失踪之谜，历史上曾存有两种说法。一说如上述，他已与皇后自焚死。另一说是，他秘密出亡为僧。这遂引发朱棣疑他逃亡海外，并派太监郑和率舰七下西洋寻访。这一说有更详细的带迷信色彩的野史描述。

据载，惠帝在危亡时，曾召近臣急议。其中有翰林院编修程济建议："不如出亡。"有一太监遂打开了朱元璋遗下的一个由刘基留下的密箱。内有僧人度牒三张，一名应文，一名应能，一名应贤。袈裟帽鞋剃刀俱备。另有白金十锭，箱内朱书（红色写的）密函："应文从鬼门出，余从水关御沟而行，薄暮会于神乐观之西房。"惠帝便道："天数。"于是程济即为惠帝剃度。九人与帝先潜至鬼门。有一舟忽慢摇泊岸，为神乐观道士王升。他见帝后叩称万岁，并答因得梦报而来。帝乘舟至太平门，待抵观时已近暮。之后续与两名亲信会合，自此云游他去，足迹遍及西南。持此说者，主要依据是程济所写的《从亡随笔》。

其后另有野史继续此说，并言在明成祖逝世后，惠帝曾回宫终老。持此说者指出，清代时重修明史刻本，内中也曾改写当时情况，提及朱棣派人在后宫只寻到皇后焚尸，谲称帝尸。因此，另派胡濙四出查访，表面上去找道教仙人张三丰，实际上是追踪帝僧朱允文。野史又云，重修明史刻本的内文另有记载称，公元1423年，也即明成祖永乐廿一年，胡濙还朝夜奏成祖。同一刻本曾录："传惠帝言，不与争国，帝心乃安。"是耶？非耶？明朝靖难之变，惠帝到底怎样？至今仍未定案。

第 29 章　明之盛世

一、明有三杨，治绩清明

明朝是中国第三个长而盛的朝代。

明的建立是在元朝之后。明承继了元朝大帝国的统一疆域，也承继了农民大造反的全面破坏。像汉朝开国时候一样，明朝的当务之急，也是要安抚农民。因为中国以农立国，国民基本就是农民。他们所以造反，都是

故宫太和殿是故宫外廷三大殿中最大的一座，也是故宫中最大的宫殿，民间俗称"金銮殿"。始建于明永乐十八年（1420 年）。

因为土地被官僚霸占，又或收成不足赋税，因受不了压迫剥削，才会铤而走险。或聚山成贼，或夺镇成军，大家顾不了耕种，田地荒废，生产破坏。一旦战争结束，新朝代替旧朝，都希望有好的开始，男耕女织，自力更生。

史家认为，汉初、唐初、明初的统治者都对农民采取让步政策，即给农民分土地、减税、免役。于是，农业生产恢复，社会秩序重整。若能够维持半个世纪，休养生息，内治外安，就会进入盛世及持久的政局。至少，汉朝如此，唐朝如此，明朝也基本上是如此的。

唯一明显不同就是，明朝盛世首推永乐，但是，却不如汉朝文景两帝的节俭宽仁，亦不及唐朝贞观期间的开明纳谏。而且，朱棣的帝位是起兵夺回来的，之后又对旧臣展开连场杀戮。此外，他曾率军五次亲征漠北，又派太监郑和七下西洋，在防御外敌和通好异域这两方面确有出色表现。可是，永乐之世，兴隆尚可，安居未必。继其位的长子仁宗，本来不错，但却早逝。他只登基一年，便染病死去了。史家认为，他察人民疾苦，施行恤民之政；严惩贪官，澄清吏治；广开谏门，择贤任能。可惜的是，天不假年。不过，由他所提拔的"三杨"，却能继续协助朝政。所谓"三杨"是指杨士奇、杨荣、杨溥。这三人原是仁宗的老师。据称，杨士奇，人刚直；杨荣，智谋善断；杨溥，为人恭谨。他们在接任的明宣德帝朝中继续发挥作用。在随后 10 年间，关心民生，政治清明，因而，社会稳定，百姓安居，史家称为"三杨之治"。

无奈这两位皇帝命都不长，加起来一共只有 11 年。下传到明英宗，登基时才 9 岁。其后，"三杨"已老，或死或退。英宗宠信太监王振，宦官掌朝之弊显露。

二、明之威武，当数永乐

明之盛世，当数永乐。明是先盛，然后有治。因为"三杨"是在"永乐"之后。盛比较长，治比较短。

永乐是成祖的年号。他是明朝的第三个皇帝，本名朱棣，是朱元璋第四子。他以靖难之役，取得皇位之后，继续诛王撤藩。在排除异己及巩固皇权之后，他决定把京城由南京迁北京。他说："与敌之近，杀敌之便。"他所指的"敌"，其实就是漠北方鞑靼，亦是蒙古残余势力最强的一支。

本来朱元璋把元朝最后一个皇帝赶离中原之后，曾几度遣将带兵进漠北追剿，直至洪武二十一年，才被蓝玉围而击败。元主率轻骑遁去，部众被俘者 7 万人。

蒙古自元顺帝死后，其部众分裂为鞑靼、瓦剌和兀良哈三伙。以鞑靼最强，瓦剌降明，兀良哈最弱。

成祖继位后第七年，曾遣五大将入漠北，追踪鞑靼，欲弭边患。岂料主帅丘福轻敌，最后竟至全军覆没。于是成祖决定亲征。公元 1410 年，他亲率大军 50 万，大败鞑靼于干难河。是役其可汗与太师逃脱，各率余部，化为两支。可汗一支后为瓦剌部所击杀，太师一支愿降明对抗瓦剌部。成祖遂封他为和宁王，这个鞑靼人叫阿鲁马。成祖此举触怒瓦剌部三王，并声言从此不再向明入贡。

翌年瓦剌集兵南犯，成祖再度率军亲征。双方激战半年，瓦剌虽然受到重创，明军损失亦相当大。这场战争，大利鞑靼。阿鲁马乘机率其部赶走瓦剌，统一了蒙古草原中部和东部，再发展鞑靼势力，并时常袭扰边塞。

公元 1422 年，成祖再北征。这次他是去找鞑靼人阿鲁马的。深入蒙古，至饮马河。阿鲁马知他来，弃下辎重，高飞远遁。成祖尽收其牛羊马驼，再移师向东攻兀良哈。他认为阿鲁马所以悖逆，是因为有兀良哈为其撑腰。明军 2 万挺进，兀良哈本来就最弱，成祖大胜后就班师。

公元 1423 年，又传阿鲁马来犯，成祖第四次出征。成祖领兵再入漠北，搜寻 4 个月，未见阿鲁马。后因粮草短缺，只好无功而还。翌年，阿鲁马又率众进犯，成祖要第五次北征，朝中群臣反对者众。可是，成祖力排众议，将他们都投狱。然后带兵出塞，依然一无所获。他这一再劳师动众，与阿鲁马如捉迷藏，至此结束。他在回程中至清水源，刻石铭功后三天便病死了。

无可否认，永乐一朝用兵鞑靼，的确曾起到防御边塞的效果。只是范围却限于北方中部和东部。而且，阿鲁马经成祖的驱赶，鞑靼的蒙古势力受削。不过，后来瓦剌一支兴起，并且不时南侵，遂终成明朝边患。又成祖时西降哈密，南并安南，但是其版图始终不及元。

另外，明成祖派太监郑和出海七次，威震南洋，远赴非洲。世传他是派郑和去访寻建文帝的下落。亦因为郑和曾巡游世界各地，遂把中国人的四大发明（造纸术、活字印刷、火药和指南针）带到了不同的角落。近人有著作称，郑和有一支舰队曾于1421年抵达美国东海岸。只是七次出海，耗费异常，带回的不外是一些奇珍异宝而已。所以，永乐称盛，代价非浅。随后的皇帝竟要实行海禁。这一措施遂导致中国长期与外面的世界明显隔绝，给科学及后来中国社会工业范畴的发展带来负面影响。然而就医学来说，历朝屡有创建，如汉时有张仲景著《伤寒论》及《金匮玉函要略》，唐时有孙思邈著《千金方》及《千金要方》，明时有李时珍著《本草纲目》、杨继洲著《针灸大成》等中医论著，至今仍为这方面的有关学者推崇。

三、明的政制，大权独揽

不管什么出身，成则为王，朱元璋是实例。曾经当过和尚又怎样，打出江山，他就能够开朝做皇帝。

比起刘邦和李世民，朱元璋更缺乏文采。他虽然也请了一批文人帮忙治理天下。但是他对官僚既粗鲁独裁又毫不信任。他什么都自己掌握，因而废除宰相设置。

所以，在沿用官僚旧制时，又作出了诸般修改。目的就是直管直裁，把封建皇权的专制发挥出来。

他在元朝模仿汉制的基础上，把三省（尚书、中书、门下）中的中书省从中抽去，改设左右侍郎，加上六部（吏、户、礼、兵、刑、工）尚书，直接禀奏皇帝以及听取意旨。并且把御史台（即旧制门下省）改称为都察院，置左右都御史，充当耳目，监督百官。又加设殿阁大学士，充当顾问。至于兵制方面，另置大都督府，设大都督，节制军事；后又改为前、后、左、右、中五军都督，分散他们的兵权。同时，与六部中的兵部相制约，直接听命皇帝。

地方采用元制，去其旧名，简称行省。全国设置十三行省，由三司（布政、按察、都指挥）分别掌政务、刑法、兵事，但互不统辖，直接听令中央。行省之下又分三级，即府、州、县，次递由知府、知州、知县主持政务。

由此可见，朱元璋把大权揽于一己之身。但仍诸多猜疑，又加设锦衣卫，专责保护皇帝兼当缉捕特使。

朱元璋像刘邦一样，为巩固皇权，亦大杀功臣。甚至重典驭下，对谁都不客气。群臣奏议，全都要跪。而且，动辄施用廷杖，当庭棒打，处死是常事。在他看来，朝中官僚就像家奴，不低头作鹰犬，便引颈受诛戮。生杀予夺之权，发挥几至极限。儒士文人，再不矜贵。别说朝上谏驳之事不容发生，就是不愿当官也会祸延三族。明朝最著名的例子是，方孝孺因拒做官被问斩，竟至十族皆诛。士为君用，没有选择。要么，规规矩矩；要么，身首异处。文字狱亦是明朝的苛政。开科取士只可用八股文，亦等于通令天下的读书人，只可以死背书，不可以发议论；想要考功名，借此飞黄腾达，只能乖乖地用儒家之句。

明成祖时，加设东厂，由宦官操纵把持，替皇帝去刺探异己。自此，明太祖设的卫，明成祖设的厂，到处抓人，制造恐怖。加上皇帝直管一切，取消了官僚的缓冲，一旦皇帝无能，或因循懒惰，大权就旁落宦官之手。难怪，明朝后期，一连串皇帝的兴废都由宦官控制。

四、明代思潮，三教互借

明代的宗教和哲学，论特色是三教同源。

朱元璋对道教情有独钟，因为，他曾靠道士讲他家风水出皇帝，又吹他母亲正怀他时天显异象，这对他终能当上天子推波助澜，道教正一教主授封爵禄。其实，道教的全盛期是在宋末元初，经过新的改革，接受三教同源，明朝及以后渐分为南北两派。南是正一道，北是全真道。全真派王重阳创教时对门下弟子定的必读书，内有佛家《般若心经》、儒家《孝经》及道家《道德经》，可见那时候儒释道三教合流的趋势。到朱棣争夺帝位时，道士亦助策划舆论，以真武降祥瑞，催他起兵靖难。因此，从永乐十年起，花费7年时间，于武当山大建宫观，打造真武大帝铜像，供奉在最高金殿内。其间，道士张三丰，人称张邋遢，更获明朝皇帝信服推崇。他始创的武当派内家太极拳，比美少林寺外家金刚拳，同被奉为中国武术两大门派。代有传人，享誉世界。

明太祖投军前虽曾当过和尚，三教中佛教反而备受冷落。明世宗时，毁佛寺，逐僧人，压抑佛教。明朝时佛教已只余二宗，一是净土，一是南禅，在中国的发展大不如前。另外蒙古人所供奉的喇嘛教，因元亡，亦衰微。其中禅宗转而渐传日本，反而发展为日本的国教。

至于儒教方面，依赖君权神授，依然得到尊重。尤其在科举制方面，明皇帝以儒学四书，即论语、大学、中庸、孟子，作为取士唯一科目，并以八股文为规范，把全国读书人的思想约束在死记四书和不涉时政上。此举旨在愚民，从而控制舆论，亦是造成思想僵化的根由。

明代儒家在哲学界继续宋以来的心学。最著名的承继者是王守仁的学说。其实他深受禅宗影响，在发展上承继的是陆九渊。他说，"吾心即是心学"；他并强调"心外无物，心外无事，心外无理，心外无义，心外无善"。他把自然及社会的一切事物规范，都说成是心所派生。他认为人死了，客观世界亦灭。他说，死了的人，精神散了，他的天地万物怎还会在？这种解释其实属于诡辩。因为一个人的死亡，与客观世界的存在，是完全不同的事情。一次，他与友人同游花树之间。于是友人问他，如果人的心外无物，那么，深山花树自开自落，你又作何解释？他答，你未看花之时，花不在你心中，所以花不存在；看了，花的颜色才在你心显现出来，因而花始终是在人心内。这种解释等于只承认主观世界，否定客观世界。这有点像俗语所谓的"掩耳盗铃"；不仅唯心，而且唯我。所以，他的心学只在明代时髦了一阵子之后，就衰落了。

无可否认，儒释道均走向融会互借，亦等于承认彼此的缺憾。到清代时，心学渐次沉寂，古籍考校兴起。三教之中，道教首先不获重视，因而逐步走向衰微。因此，由明朝到清朝，儒以理学、心性，佛以净土、禅宗，道以全真、正一，虽说是各领风骚，都只是挣扎生存。

五、明的文学，剧与小说

明朝在中国文学中，以小说戏剧而称绝。

著名小说家有四位，作品合称明代四奇，分别是罗贯中的《三国演义》、施耐庵的《水浒传》、吴承恩的《西游记》和兰陵笑笑生的《金瓶梅》。分别是故事化地描写了：中国历史上三国时代的攻伐兴亡；宋时聚集在梁山泊造反的 108 个人物；唐朝僧人三藏获猴徒、猪怪、沙僧护送至天竺迎取佛经之旅；宋代花花公子西门庆的荒淫放纵生活。现仍脍炙人口。

戏剧家中有汤显祖。他以《临川四梦》名世。四梦分别是《还魂记》、《紫钗记》、《南柯记》、《邯郸记》。《还魂记》又名《牡丹亭》，讲一对青年的恋爱，勇敢冲破礼教追求自由幸福；《紫钗记》取材于唐代的《霍小玉传》，批判士人"贵易妻"的社会风气，歌颂男女主角对爱情的坚贞；《南柯记》与《邯郸记》都是以梦来点化富贵的虚幻，渗透着佛道的宗教色彩。这些故事依旧为人乐道。

其实，戏剧在明之前的元朝时已盛行。因元统治阶层来自蒙古，不懂唐诗宋词，但看戏听曲尚可，杂剧和散曲于是兴起。元时这方面的名家，"关、王、白、马"最负盛名。关是关汉卿，著《窦娥冤》；王是王实甫，著《西厢记》；白是白朴，著《梧桐雨》；马是马致远，著《汉宫秋》。这四人的散曲，是诗词的变体。

明代时仍有人续仿唐诗宋词，但是，比起前人，均无突破。明之后的清朝一代，诗人墨客虽然仍旧写诗填词，戏剧小说是唯一有所建树的，尤其小说一枝独秀。戏剧家中亦有几位。例如，李渔写《风筝误》；洪昇写《长生殿》；孔尚任写《桃花扇》，都曾轰动一时。小说方面人才辈出，而且留下不少佳作。例如，蒲松龄的《聊斋志异》；吴敬梓的《儒林外史》；文康的《儿女英雄传》。此外，曹雪芹的《红楼梦》更是压卷之作，被誉为小说之冠。它以爱情故事为中心，带出一个由盛而衰的贵族家庭的破落崩溃，间接反映当时清代社会的封建和走向灭亡。后世对于它的研究称为"红学"，许多国家都有译本。

第30章 明之衰亡

一、明之大患，宦官擅权

明朝开国，宠信太监。太监封官，遂称宦官。

明太祖生性多疑，先设"禁卫"，由宦官统率，其职责除保护皇帝外，就是分头监视朝臣，预防他们谋反。明成祖原是燕王，起兵要夺取帝位时，曾得太监做内应，充当耳目，立过大功。他把侄儿赶走，自己做皇帝后，设立"东厂"，由宦官主持，如同鹰犬，专门为他缉拿叛逆。明朝自此，"卫"、"厂"便成皇帝御用爪牙。由于经常出入内宫，又朝夕能见到皇帝，比朝臣更得宠。

明太祖废丞相，直管其下六部；又设都督与兵部分兵权，互相制衡，听命于他。这种把军政全揽在己身的做法确实因不假手于人，独裁独断，十拿九稳。如他这样的勤政之君，绝对不会大权旁落。但是遇上懒惰昏庸之君，就必须要借助宦官。日久擅权，反受其制。这一批人，对朝臣定趾高气扬，联佞结党；于皇室定谗言取信，哄骗挟持。

明朝总共有17位皇帝，过半数曾被太监玩弄在股掌之上。遗祸最深者有三人，王振、刘瑾、魏忠贤。

太监王振曾是英宗侍读。英宗9岁即位，时三杨都老退，于是王振开始受到重用。此人老奸巨猾，渐次招权纳贿，蒙上压下，作威作福。本来明太祖临死前，铸有一块"内臣不得干预政事"的铁牌悬在宫门。王振派人将它盗毁，专权跋扈，无所顾忌。明朝宦官为祸亦是从他开端。公元1449年，蒙古瓦剌部南下掠夺，王振怂恿英宗领军50万仓促北上亲征，缺粮改道，饿尸满路，最后在土木堡被瓦剌兵围困，竟成俘虏，随臣尽死。此役史称"土木堡之变"，所率明军死伤大半，王振亦被护卫捶死。

太监刘瑾是武宗时宦官。刘瑾投武宗所好，助他荒淫享乐。既大兴土木，挥霍无度，又纠结党羽，震慑群臣。刘瑾与马永成、谷大用、魏彬、张永、邱聚、高凤、罗祥等七人被称为"八虎"，掌管"厂卫"，横行霸道。后来"八虎"之一张永为了争功，竟告发刘瑾要谋反。武宗遂派禁军去抄他家，起出黄金20万锭，银元宝及珠宝玉器不计其数，盔甲武器，成捆成堆，始信是实，叛他死刑。

太监魏忠贤是熹宗宦官。他通过勾结皇帝乳媪客氏因而得宠，出任司礼太监，兼管"东厂"，广植势力。他还说服熹宗让他组一支万人的武阉队伍，如虎添翼，残害异己。他的手下众多，分称五虎、十狗、四十孙等。另外投靠他的腐败官僚组成"阉党"与朝内力图要中兴的"东林党"相对抗。酷刑下狱，诬杀忠良，死不胜数。他们并把魏忠贤呼为"九千岁"，政治黑暗，暴虐专横。

熹宗死后，思宗即位，杀魏忠贤，罢黜阉党。一度曾想振作，但已积重难返，李自成打到北京了。

二、宸濠之乱，竟同儿戏

宸濠之乱，不外骨肉相残。朱宸濠是宁王，是朱元璋的五世孙；查起族谱，还算是明武宗的叔父辈。宁王承袭其父爵位，封地在南方的南昌。他之所以起兵造反，是想改封地为护卫而引发的。因护卫可以养兵，京中遂有人奏称他意欲谋反，武宗派巡抚去查。他杀了巡抚，就真正反了。宁王自领兵去攻打南京。沿途连下数城，大江南北都震动了。当时王守仁任南京兵部尚书。他刚去福建剿贼，闻讯后调兵袭南昌，引得朱宸濠回救，然后在鄱阳湖把朱擒住。其实，宸濠之乱就此结束。应该说，这次叛乱对明朝的破坏和影响都有限。但是史书上总喜欢将之大书特书，相信理由有二。一、打败他的是王守仁；他是明代一名大儒。二、武宗自己发兵来剿；重演了一幕擒拿戏。本来他点兵前已接报捉了朱宸濠；但作不知，封大都督，出京直闯南昌。并对王守仁呈禀拒不受。于是，王守仁带着朱宸濠迂回去找太监张永接俘，才自己悄悄弃官入山去修道。张永把朱宸濠押到南京，然后在校场上释了又由武宗将他绑住。这实在滑稽，国事变闹剧。

较早之前，安化王曾作乱。他是朱元璋儿子靖王的曾孙，封地在宁夏，后称安化王。公元1510年作乱，以清君侧为名，矛头指向太监刘瑾，其实亦是想当皇帝。不到一个月，便被擒杀了。此事却也间接导致刘瑾被抄家。

传统正史忽略的是农民造反。永乐帝盛期已有唐赛儿作乱。她是山东农妇，以白莲教集众，自称佛母，结寨占城。追随者都是饥饿的农民，因苛赋徭役造成。随后在围击中战败，不过唐赛儿逃脱了。永乐帝曾因她"削发为尼"，或混在女道士中，于是在北京及山东等地逮捕数万尼姑道姑，押送京城严刑拷问，终无所获。时当明朝盛世，如此郑重其事，足见唐赛儿带来的威胁之大。

其后，这类农民造反此起彼伏。较著名的，有公元1447年的邓茂七、叶宗留；公元1464年的刘通、李原；公元1510年的刘六、刘七等人。明朝万历期间，张居正去世后内乱一直未停。情况越演越烈。从万历十一年开始，广州兵变、十三年四川蕃乱、十四年河南民反、十五年湖北兵变、十七年广东僧反、十九年四川又乱、二十年宁夏兵反、廿一年四川官反、廿七年山东民变、廿八年贵州苗叛、廿九年苏州民乱，都是由于昏君奸臣与贪官污吏的压迫而造成的。还有三十一年河南、三十二年湖北、三十四年云南、三十五年金沙江区、三十七年徐州、四十年四川、四十四年河南地区的叛乱等。

以上仅举为例，由此可见一斑。

三、夺门之变，于谦被斩

明朝可以说并没有断代。然而，却发生过所谓"篡位"事件，其实是一场争位的"复辟"政变。但戴罪人于谦，既不像汉时王莽那样举旗易帜自建"新"朝，也不像唐时武曌那样自称皇帝改国号"周"。于谦是冤枉的。

这事发生在英宗时期，其经过应从鞑靼说起。明的北方外敌向来就是鞑靼，其中以瓦剌族最强。公元1449年，瓦剌南下进侵，明英宗在宦官王振怂恿挟持之下，御驾亲征，北上拒敌。兵至大同土木堡被包围。明军不敌，英宗被掳。瓦剌再挥兵南下很快威胁到北京。当时朝野震动，有人主张议和，有人主张迁都。唯独兵部于谦，力排众议，力挽狂澜。他一面领军民守城抵抗，一面拥立英宗之弟继位，历史上称景宗，以示明室延续。此举鼓励官民同心，竟把危局撑了过去。瓦剌不仅退兵，并且送还英宗。于是，明朝皇宫忽然间出现了两个皇帝。只是英宗获释归来后，只闲处内宫，情形很尴尬，就有另一些朝臣打他主意了。最后他们在景宗健康不佳时，待宫竟然搞复辟政变，目的就是再立英宗。此事发生于公元1457年，英宗在石亨等人策划下，进东华门，登奉天殿，召集文武群臣宣布复位。同时抓了于谦，以叛国罪斩首。景宗卧病，难有作为，不久也死去了。帮忙英宗复位的这些人，既获封官加爵，又排挤了异己。这一变化史称"夺门"。

若从正统角度来看，英宗复位无可厚非。最大的问题是，他把于谦斩了，并且冠以叛国之名，亦等于指景宗篡位。那是"断代"，当属"非法"。这是千古奇冤，史家都替于谦叫屈。所以，这宗案件，就在英宗死去后不久便获平反了。下一位皇帝又恢复了于谦的贞忠声誉。由此可见，在帝制期间，皇权只可独占。朝臣爱国家，必须要忠君。

四、朋党相争，三大奇案

明朝朋党之争，如同汉之"党锢之祸"以及唐之"牛李党争"，同样涉及宦官。亦是分为两党，一称"东林"，一呼"阉党"。其实都是朝内的士大夫官僚。但从正史的用词看，是褒东林，贬阉党，忠奸早已定案。

"东林"党的起源，来自顾宪成在无锡开东林馆，收生授徒，评议时政。顾宪成本在朝为官，争议常有偏激，后被革职归里，就开了这么一个学馆。在朝在野都有应和，渐渐形成一派，被指为"东林"党。

熹宗时，东林当政。对持异见之士，多被排斥甚至罢黜，就有更多人依附宦官，谋保一官半职。这些人其实同是士大夫官僚，只是政见不同，被贬称"阉"党。明朝皇帝每被宦官从中挟持，与当朝的士大夫起明争暗斗。于神宗、光宗、熹宗时，因宫内曾发生三宗案，使朝内东林党与非东林党的对抗性更加白热化。

第一宗是神宗时的"梃击案"。神宗宠郑贵妃，拟改立皇太子，朝中引起争论。有男子张差持梃进太子居处，有所意图，被执未遂。东林党人指郑贵妃派手下两太监图谋不轨。非东林党否之。神宗杀两太监及张差算了事。

第二宗是光宗时的"红丸案"。皇太子朱常洛登位是为光宗。不久染病，服药大泻；吞红丸，光宗死。东林党指郑贵妃因请封皇太后未果而下毒。非东林党否之。

第三宗是熹宗时的"移宫案"。因光宗登位未及一月即死去，皇后尚未正式册立。皇长子朱由校，年16岁，是为熹宗。因其生母早死，由李选侍照顾；二人同居于乾清宫。东林党认为不可以，并指郑贵妃在背后另有所图，遂要李选侍迁。非东林党否之。东林党人杨涟率众闯入，抢走朱由校，迫移李选侍，然后送朱由校还宫。其结果是，东林党人一度权倾朝野，清除异党，冠盖京华。

再后来是大宦官魏忠贤勾结了熹宗的乳母客氏，与非东林党人合谋反击。公元 1624 年，魏忠贤等矫传圣旨，将朝内东林党人杨涟及左光斗等 20 人罢官入狱，屈死囹中。公元 1626 年，尽捕东林党人，并关闭东林馆。

从正史看，东林党人多是忠良之士；阉党，依附宦官胡作非为，为虎作伥，被指祸国殃民。所以，明朝朋党之争，就是朝野部分官僚反宦官的一场惨烈斗争。

无可否认，宦官在明朝一直占上风。有人只谋富贵荣华，总是趋炎附势；有人志在名留青史，时常不畏牺牲。世界上常有这样两类人。历史，在迂回中迈进。

五、农民造反，闯王进京

明朝是被李自成打垮的。他带领农民军队攻进了北京。明崇祯帝吊死煤山；李自成曾登位为王。不过时间短暂，当吴三桂引清兵入关后，他就弃城走了。

李自成于崇祯二年，亦即 1629 年参加农民队伍造反。他先是闯王高迎祥的部属，自领一军，号称闯将。当时全国土地高度集中，农民沦为佃户甚至奴隶，又逢连年灾荒，加上苛捐不绝，百姓愤而造反者众。

公元 1637 年造反队伍增至 13 家 72 营。在明室调集大军围剿中，李自成倡分散迎敌，流动转战。这种战术非常有效，能有效保持实力，并因而被称"流寇"。

崇祯九年，高迎祥死于战。李自成接掌领导，仍号称闯王。随后几年，明军紧迫，他与另一支由张献忠领导的造反队伍相继失利，分避深山，休养生息。

至崇祯十三年，李自成率众进入河南，提出"均田免粮"口号，重新集结造反农民。崇祯十四年破洛阳，声威大震，投靠者众。十六年破襄阳，改其为襄京，自称新顺王。同年，张献忠亦占据武昌，并以武昌为京，自称西大王。至十七年，即公元 1644 年，李自成以西安为西京，建国大顺，自称大顺王，起年号永昌。同年，张献忠再度入四川，在成都亦称帝，建大西国，年号大顺。

同年 3 月 19 日，李自成率军攻破明朝首都北京。崇祯帝吊死煤山，明朝统治告结束。不过大局未定。

明将吴三桂因爱妾陈圆圆在北京被夺，索还未遂，气愤莫名。史称他冲冠一怒为红颜，竟迎清兵进山海关，并且带兵开路，一齐杀向北京。李自成仓促中发兵接战，仗败离城，撤向西安。但遭吴三桂及清兵追赶。一边战，一边逃。翌年至湖北九宫山，最后竟致兵离将散，据说他在一次短行觅食中被地方豪绅队伍袭杀。后来有野史说，李自成的所谓死亡，并非真人，只是替身。其本人后来在附近遁迹佛门，直至终老。持此论者，大不乏人。他们认为，李自成后来在湖南石门夹山当了和尚，并取名"奉天玉"，因曾称"奉天王"。又称他生前曾赋诗，后被辑成"梅花百韵"。直至 1981 年，有人根据资料，竟然发现了相传已久的"梅花百韵"的木刻版，内有不少诗句，隐喻帝王抱负。故此又掀起"李自成禅隐说"高潮。

另外值得一提的就是张献忠的结局。公元 1646 年，清兵移师入四川，张献忠率部连番奋战，最后在战斗中受箭身亡。其余部合明军继续反对清兵。只是，总的来说，这两支造反的队伍均告解瓦。从此，汉人的中原大地又有了外族的新主人。不过，汉人并不就此罢休，一方面是明代遗臣拥护新君冀期继续，另一方面是已降的将领又思自立另创新朝。天下还有一番纷乱。

第 31 章　南明、三藩

一、明亡之后，乱四十年

明朝在被李自成攻进北京后，中原便进入一个纷乱转折期。一直以来，史家把清入北京算统一全国，这多少有些以偏概全，抹杀存在势力，过早地替真正的历史定了案。

这段明亡后的彼此争雄局面持续了 40 年。

简单地说，从公元 1644 年至公元 1683 年止，与清在当时共存的其他对抗势力或称帝者，曾经先后竞力，虽然依次败落，但从客观的历史事实看，是段纷乱期。这又和以后此起彼伏各式各样的反清复明或地方叛乱不同。这 40 年是鹿逐中原的延伸，以后才属于剿乱及镇压。

而且，南明四王其实还是明皇室的子孙，只是逃离北京而已。他们在其他的地方另起炉灶，或被拥定都，或四处逃亡，史家虽然不再把他们算入明朝，但至少应是同期并举的另一政权。就像五代十国时期，十国岂非同存竞力。清入关事实上是其中角逐者之一，南明及其他势力亦同时同地称帝，就说明了这是一个纷乱并立的转折期。

明亡后 40 年，真正的历史是这样过渡的。

首先，李自成退出了北京，当时依然带着大军，只是士无斗志，辗转流窜被杀。但是，他的部将郝摇旗，仍率其所属兵勇，与明朝旧将何腾蛟会师抗清，史称荆襄十三家军。这支势力继续存在，直至 1682 年才被清兵打败。另外，还有张献忠占成都，建大西国，称大顺王。两年后张献忠败死，其部将李定国及孙可望领军继续与清对抗。

与此同时，由 1644 年至 1662 年，南明先后出现五王，历史上称"福王、唐王（曾有两帝）、鲁王、韩王、桂王"。其中桂王后来与李定国联合，败退缅甸才告结束。

明将降清不少，最强者有三藩。而且各自发展个人势力，由 1673 年至 1679 年分别称帝，维持 6 年。

还有不应被忽略的另外一支势力是郑成功，他据有台湾。其父郑芝龙在福州拥立唐王隆武抗清两年后竟降清。但郑成功举兵转战沿海 6 年，一度深入长江。及后失利，进驻台湾。郑死子继，子死孙继。一直守至 1683 年才被郑成功旧日的降清部将施琅所率清军攻陷。

由此可见，这 40 年间，与清同时举兵活跃中国大地的，就实际曾有这些人拥帝称雄。其间有联合有竞争，一时降这，一时叛那。这也好像三国时的魏、蜀、吴三大势力，时而彼合此分，相互牵制；即使三藩，不过效法五代时的朱温，先投效黄巢又背叛黄巢，先降了唐朝再消灭唐朝。唯一不同的是，朱温成功，三藩失败。

二、南明诸王，历十八年

明室后裔逃离北京，在各地被拥为帝。最先是福王，史称他弘光帝。1644 年 5 月在南京就帝位，由史可法等人支持，督师扬州，对抗清兵。但是，未及一年，扬州城破，史可法死。继而南京失陷，福王为清执杀。接着，1645 年 6 月，有唐王（名朱聿键）在福州及鲁王（名朱以海）在绍庆，分别被拥立为明室的后继人。唐王称帝后用年号隆武；鲁王只称"监国"，亦另外定年号。二人各有一批属臣，各不相让，互杀使者，竟成仇敌。可见都在争做皇帝，反清复明变为次要。唐王实由郑芝龙所操纵，鲁王的背后是方国安在专权。当发觉形势不对时，均先后降清谋封官。1646 年 4 月福州失守，唐王朱聿键被捕杀。11 月其弟朱聿粤在广州被人拥立接位，称绍武帝。与此同时，瞿式耜等在肇庆拥立桂王朱由榔，称永历帝，旋退桂林。本来又闹了双胞胎，但只一个月，绍武帝便为清军败杀。早此一年，又有张献忠的部将郝摇旗与明朝旧将何腾蛟联合领导的荆襄十三家军在湖南、湖北拥立韩王朱本立，称定武帝。1661年韩王败死。再立东安王朱盛浓，又继续坚持至1663年为清捕杀，郝摇旗亦战死。

另外，鲁王退至福建厦门；后来又再退至舟山。支持者张名振病死，在张煌言接统之下，于浮海退至金门。时郑芝龙之子郑成功因不满其父降清所为举兵抗清，先奉唐王，后奉桂王。然后，从1651年至1659年，郑成功与张煌言曾联合支持鲁王，活跃长江，八次北上。1661年，郑成功驻台湾，鲁王亦被迎去，翌年老死台湾。

明宗室诸王中永历帝最为奔波。他自从在肇庆被拥立为桂王，闻惊则遁，颠沛流离。即使到了桂林，也常外逃躲避。由1647年至1648年，因李成栋降清后又反清，迎桂王回广东肇庆，曾一度扩展至两广、湖湘、江西、川东、云贵等地。1649年李成栋战败死，桂王又逃。退至梧州，情势动摇。1650年，瞿式耜坚守桂林亦战死。1652年，张献忠旧部孙可望、李定国分别从清军手中攻占了梧州、桂林。孙可望迎桂王迁至梧州，开始专权，大杀异己。1656年，李定国护永历帝至昆明。孙可望不服李定国，降清献计给吴三桂，分兵三路，进攻云南。1659年，永历帝逃入缅甸做苟安，李定国坚持在边界继续抗清，二者分隔。1662年，缅甸王把永历帝及太子等人送交拥兵云南的降清明将吴三桂，遂被处死，永历朝亡。李定国闻讯，不久亦病死。其子及余部数千人匿去，从此散居滇边，自称桂家部落。

三、三藩叛清，帝业未成

三藩原是明朝将军，降清后又想称帝。三藩是指吴三桂、耿精忠、尚可喜。他们降清后获封王。吴三桂封做平西王；耿精忠封做靖南王；尚可喜封做平南王。他们在降清后，助清镇压农民造反及消灭南明王时尽力。同时各在滇、粤、闽扩大个人势力，兵权在手，各霸一方。

河北省境内的山海关是明长城东部最雄伟的关隘，被誉为"天下第一关"。图为山海关东门楼

其中，最主要和最强的是吴三桂。他于明崇祯帝时镇守山海关，在长城最东面，阻挡满清进中原。李自成攻进北京时，吴三桂适在山海关，因其妾陈圆圆被俘而不放还惹他不满，竟引清兵入关，做先锋攻北京。"冲冠一怒为红颜"，是诗人对他的讥嘲。于是原本在东北塞外的清兵，一下子就长驱直入占据明都。因而在中原争霸中，一开始便占了上风。三藩及明朝的降将都曾为清兵卖力。

清康熙十二年，公元 1673 年，尚可喜被其子挟制，上书清廷要求告老还乡，但望其子尚之信能获准继爵。康熙批准了他告老的请求，却没有钦准尚之信接棒。因他正想撤藩。吴三桂得消息，欲测康熙意向，联耿精忠上书。他们也称要告老了，康熙随即下令批准，并派特使分头前往三藩据地督办。这样，吴三桂带头以"复明"反清。他的军队迅速进入湖南；

数月内云南、贵州、广西、四川、湖南等地为吴三桂所占。翌年，耿精忠在闽、尚可喜在粤，同时举旗附和响应。吴三桂从云南亲赴湖南，阵前督师；子吴应熊做人质留北京，遭康熙杀。双方对峙长江。

公元 1676 年，郑成功子郑经从海路进入福建活动，与耿精忠发生冲突，耿精忠再降清自保地盘。同年 10 月尚可喜死，其子尚之信亦与吴三桂不和，1677 年又再投降清朝。康熙先命他抗郑经赎罪，两年后被执押至北京赐死。

公元 1678 年 3 月，吴三桂在湖南衡阳称帝，定国号周，改元绍武。几个月后，因年老操劳，在忧虑中病死。其孙吴世璠继帝位，逐渐退守回到昆明。公元 1681 年 10 月，清兵分三路会师于云南，围城 8 月，攻陷昆明。吴世璠遂先行自杀。前后八年，席卷十省的三藩举兵反清结束。

公元 1682 年，耿精忠亦被革爵位，凌迟处死；其子耿显祚及属下诸将皆同时问斩。至此，三藩及子孙殁。

四、郑据台湾，二十二年

郑成功是南明将军，据台湾与满清争雄。其实，应该指出，他所以要反对清朝，本来是想助明恢复江山。

1646 年郑成功因其父降清，率其所部逃海继续抗清。开始时奉唐王，获赐朱姓，称国姓爷；永历帝时又获封延平王。曾造战舰，精练水军。鲁王后来放弃监国名，受到郑成功支持保护。在张煌言为鲁王掌军时，两支军队尤其合作无间。他常以厦门及金门为据点，建筑炮台，排演水阵，并曾围攻福州或援广州，兼顾唐王鲁王。

1651 年，郑成功有一次出援广州，留郑芝莞守厦门，清兵来时他先遁，厦门遂失。在收复厦门战役中，部将施琅立下大功。论功过时，郑成功先斩郑芝莞，继以赏金赠赐施琅，但收其兵。施琅心存不满，时有部下犯法，逃匿郑成功营，施琅发现捕去。正要将之处死时，郑成功传令阻止。施琅先斩后奏，郑成功遂囚禁他，但施琅逃脱了，其父及弟被杀。从此施琅降清，出任水师提督。涉及二人的私仇宿怨，竟成他日施琅带兵攻台伏因。

1659年，郑成功联合常在浙江活动的张煌言曾发动一次大反攻。从海道入长江，直达南京近郊，占领镇江等地，引起清廷震动。及后由于战略失策，为清军所败，又退回金门。1661年，他率大军航经琉球，登陆台湾南部，与据台荷兰兵展开大战。相持8个月，驱走荷兰人，重占了台湾。然后，一方面建府第设立行政，一方面从大陆招徕移民，屯田开荒，发展耕种，做长远的驻台打算。翌年郑成功在台湾染病死，其部继续由其子郑经统率。

从1673年至1674年间，乘三藩兴兵反清朝之际，郑经进兵东南沿岸，攻占泉州、漳州、温州等地，与耿精忠发生摩擦。因为三藩反清全为发展地盘，耿精忠因个人利益再度降清，郑经无其父大志，率兵退回台湾。

1681年郑经病卒。其次子郑克爽继，世袭延平王，时年12岁。本来郑经连年征战在外，以长子郑克盛监国，以军师陈永华掌兵。但长子为婢女所生，次子才是正妻嫡出。侍卫冯锡范将其女嫁给郑经次子，与郑经妻合谋，罢陈永华兵权。陈永华不久染病死；长子郑克盛被缢杀。次子郑克爽承继爵位后，由冯锡范接掌军政大权。

1683年，清廷发动大军，用郑成功旧部施琅攻台。6月攻占澎湖，7月郑克爽派使者呈交降表，8月施琅大军登陆台湾，郑克爽率官员出迎，剃发受诏，缴册印降。自郑成功攻入台湾，至是22年，终为清朝所灭。

五、洪门纷立，继续反清

清朝王室祖先是努尔哈赤，本姓爱新觉罗，追封为清太祖。他于1613年统一了女真族，建立后金，创制满文。1618年攻占沈阳，接着以此为都。1626 年曾发兵侵明，但被袁崇焕击败，受伤后不久死去，其子皇太极继位。1629 年他绕道越长城，图突袭明都北京，又遭袁崇焕阻拦。于是后金采反间计，使明皇帝杀袁崇焕。1636 年皇太极改国号为清。两年后病故，幼子福临立，多尔衮摄政。

1644 年，因吴三桂自动投降，邀清入关，攻占北京。随后两年，遣将先后灭李自成及张献忠。继而南下，与南明诸王交战 18 年，江南平服。因欲撤藩，激起反叛。与吴三桂所建的周朝展开 6 年争霸，分化两藩，终于灭周。然后又斩杀叛后再降的另外二藩。至此三藩终告铲除。与此同时，又发兵打西藏，将其归治下。随后又攻打台湾，1683 年郑克爽降。清兵自入关占北京至灭郑氏台湾势力，前后征战达 40 年，于康熙二十二年才统一中国。

而实际上，还有一个反对组织，化为无数秘密团体，潜游各地民间活动，统称洪门。有关它的种种，历来传说不一。但以下的故事广为流传。据称康熙前期西藏造反，召天下勇武者参讨。福建莆田少林寺僧 128 人投效出征。凯旋后不居功，但却遭到毒害，少林寺亦被焚。不过，有 5 僧人（即蔡德忠、方大洪、胡德帝、马超兴、李式开）逃出。中途被追赶时，有五勇士（即吴天成、方惠成、张敬之、杨仗佑、林大江）协助，然后，到了广东惠州，遇五寺僧（即吴天佑、洪太岁、姚必达、李式地、林永超）接应。遂按先后被尊为洪门前五祖、中五祖、后五祖。后来他们又同奔万云山万云寺得方丈万云龙收留；会翰林学士陈近南，相约集众于白鹤洞红花亭，同盟结义，反清复明。据说，1674 年 7 月 25 日，有崇祯帝孙朱洪竹前来参加，天现红光，众认祥兆，遂取名做"洪门"，以其"红、洪"同音。另一说是"汉无中土"，即化为洪字。从此高举反旗，一路势如破竹。但武昌一役为清兵所击败。万云龙阵亡；朱洪竹失踪。陈近南退至襄阳内，苦候 3 月才散部众。别时他曾因而作诗一首为记，嘱各人赴各地开山立堂，他日再聚。诗曰："五人分开一首诗，身上洪英无人知，此事传与众兄弟，后来相会团圆时。"

洪门历来奉洪英为宗主，郑成功为武宗，顾炎武为文宗。相传，其始末是这样的：宗主洪英实有其人，原是史可法参赞，曾奉命潜北京刺探虚实。他遇见顾炎武等人同创"汉留"组织反清复明。史可法殉难之后洪英返回江南再集众抗清。1645 年战死，部众多人投少林寺。后来清朝焚少林寺杀少林僧，有五人逃生，后世称五祖。五祖结识陈近南后随至台湾，投郑成功立金田山，定有"洪规"（即洪门规律），于清军陷台湾时储铁箱沉海，从此改称"海底"（后从海捞出）。陈近南亦即陈永华，他死后五祖返闽浙粤湘，四处开山立堂，继续秘密反清。

综上所述，明亡之后，中原实曾有 40 年的争乱。传统史家一般把它归入满清创朝建国之始。其实，并不正确，皆因天下未定。至少南明还有三王，继续维持了 18 年。然后，三藩由吴三桂带头造反，而且建立政权，传了两任皇帝。另外还有郑氏三代盘踞台湾，以明为宗，继续抗清。这些力量不但都在觊觎帝位，就其攻占活动范围，亦曾涉及半壁江山。最后满清胜利时，已是康熙中期以后。从他们占据北京起，群雄角逐，历 40 年。另外，在随后的 300 年中，实际上是强少弱多，治少乱多。

第 32 章　盛清与内乱（上半段）

一、为巩帝位，自毁长城

满人入关，攻占北京，要做中原主人。由建朝称帝到统治汉人，一半靠明末降臣叛将从旁协助，一半赖本身八旗军马凶悍善战。这才是清朝开国的真正历史。

无论如何，这应算是以一个文化较低的少数民族突然统治一个文化较高民族的过程。它所以能成功，最初和最有效的支配力量是八旗武功。虽然已越过长城，虽然已占据北京，但是，从与人争霸，南征、北讨，到荡平群雄，直至终于统一整个中原，少说曾用了 40 年时间。那已经不是顺治皇帝坐朝了，而已是康熙皇帝的中期。

在那 40 年征战中，满清凭八旗争天下。最野蛮最残忍的就是，每陷一处，下令屠城。顺治二年，公元 1665 年，清军在江阴市"满城尽杀，然后封刀"，被害者 9 万人；清军在嘉定曾屠杀 3 次，死 20 万人；在扬州曾屠杀 10 日，死 80 万。另外还以"圈田"手段把汉人的土地圈给旗人；

康熙

"薙发令"命汉人剃发束辫，违者处死；"投充法"任意把汉人分配给满贵族为奴。这都是民族压迫的政策。

康熙年14岁就登上了龙座。他最著名的一项壮举就是，擒杀八旗第一勇士鳌拜，将政权收归自己手中。如果从另一个角度去看，康熙此举是在巩固皇权。任谁当了皇帝，皇权总要独占。于是，铲除身边强者，尽诛属下精英，都是这种心态。鳌拜之后，又灭三藩。这就清除了威胁皇权的心腹大患。但其实这无疑是自毁长城。

满清八旗制度，起于努尔哈赤。八旗就是女真各部壮丁组织，出则为兵，入则为民，分为黄、红、蓝、白、镶黄、镶红、镶蓝、镶白8种；后添蒙古八旗，又增汉军八旗。这是清朝的军事体制。皇帝赖八旗而兴，亦担心八旗夺位。

雍正接皇帝位，据说完全靠步军统领隆科多与大将军年羹尧的支持。登基后才三年，便诛隆科多与年羹尧，另设军机处掌军事。

由此可见，原八旗不被信赖，另设禁旅八旗驻京。因担心宗室兄弟叔伯觊觎帝位，遂对他们展开长期的幽禁与贬斥，并取消诸王对八旗的统帅权。不过，皇权的进一步高度集中，一方面加重了皇帝的骄横自满，为所欲为；另一方面导致八旗子弟投闲置散，迅速腐化。从咸丰时期开始，八旗已经名存实亡。太平天国的造反，也多靠汉人团练应战，最后竟还要向外国借兵。至同治与光绪统治期间，稍微能战的队伍都掌握在汉人手，如曾国藩、左宗棠、张之洞、刘永福等，包括新军洋枪队，亦由袁世凯统领。清朝至此就只得走上无力回天的绝路。

二、兴文字狱，抑制思想

清朝之治，除了行动上的武力镇压，还有文字狱的思想抑制。从康熙、雍正到乾隆，史载七八十宗。

因文字而下狱，因文字而杀头，是统治者对文人思想的专制。不仅是原作者要问罪，亲人及有关者同遭殃。起先，康熙用以钳制反清意识，尤其禁锢对明朝的眷念，例如明史之狱。其后，至雍正、乾隆时，因猜疑或别字，亦可祸生毫末，遂有试题之狱、论史之狱、文评之狱、注经之狱、诗钞之狱，甚至字书之狱，株连者众。

公元 1661 年，顺治十八年，"明史之狱"案发，审查两年定罪。明末朱国桢著《明史》，庄廷鑨得遗稿后补天启、崇祯两朝事而刊行，文涉满清入关，并有指责之句。后被人告发，成文字狱。庄廷鑨虽然已死亦开棺戮尸；庄本人无子，但父、弟及弟之子孙均问斩；弟妻及女流放为奴。又作序者、刻印者、校阅者及售藏者被杀 70 多人。

另有 1711 年《南山集》狱，涉案者戴名世因刊行《南山集》，内收方孝标著南明桂王事迹，是故触犯清廷。戴名世被问斩，方孝标被戮尸，牵连获罪者数百人。

雍正四年，曾有"查嗣庭"文字狱。查嗣庭为考官，出题《维民所止》，被指"维止"二字，影射"雍正"无头。查入狱死，仍被戮尸；亲属被杀或流放为奴。

雍正七年，即是 1729 年，又有"吕留良"文字狱。吕留良于明亡后削发为僧，自称明末遗民，著有文集，评及清朝，因而获谋反罪。吕留良已死被开棺戮尸。其子吕毅中被处斩；弟子曾静下狱，供述叛谋经过。雍正辑《大义觉迷录》刊行，辩驳"华夷"之别。他说"华夷"无别，又谕"天无二日，民无二主"，并指满清称帝完全合法。乾隆时收回《大义觉迷录》，并将曾静处死。

雍正七年，又有"徐骏"诗集之狱。皆因他曾有诗："清风不识字，何故乱翻书。"被指意在讥讽清廷。

公元 1773 年，乾隆设四库全书馆，除了借此收罗大批士人为其所用，还下令到各地搜罗各类古今图书。然后，着令他们认真进行检查编删，对不利清廷的字句，删改涂抹，一律销毁，因被查禁烧毁的图书达 3000 多种。最后，花费 10 年时间，辑成《四库全书》，共收进图书 3503 种，计79337 卷，共抄 7 部。乾隆期间的文字狱比康熙及雍正更甚。名目之繁多，案件之数量，惩治之严酷，株连之广泛，大大超过康熙及雍正两朝。例如，有尹嘉铨年逾七十，因杜甫有诗"人生七十古来稀"，遂自称为"古稀老人"，因触犯了乾隆年老时称"古稀天子"，竟然罹罪，判处绞刑。

三、追求享受，乾隆挥霍

传统历史的失真，在于对帝王的吹捧。清代 300 年中，可说毫无治世。乾隆统治的 60 年，停不了内乱与兵戎，加上穷奢极侈，生活无耻荒淫，不断以文字狱来禁锢人民的思想，同时以焚删改来审编过去的著述。乾隆的所谓"十全武功"其实是十次亲自领军去对抗造反者，其他并不是由他带兵的次数更多。所以内乱频生是当时的写照。史家大多认为，这是清的盛世。由此可见，史有偏见。

乾隆

还有，史家少提的另一类事实就是，乾隆是一个荒淫无耻的皇帝。有谁听过，乾隆的两个皇后都是因为看不过他的肆情纵乐、屡谏不听而悲愤自尽的？乾隆十三年，东巡的途中，皇后哈察氏于劝谏之后投水自尽；乾隆三十一年，南巡杭州纵乐，皇后那拉氏曾泣谏其非，愤至剪发，翌日死去。还有回人香妃，被掳后纳入宫，亮刀守节，最后丧生。这都是乾隆的少被史家言及的真实面。

史载，乾隆大小巡游 20 多次，其中仿效康熙 6 次南巡，消费达到惊人程度。据说，所到之处，大肆铺张，修行宫、搭彩棚、办酒筵、开舟宴。由北京至杭州，往返 6000 余里，途中建行宫 30 处，每隔 30 里设尖营，巡幸队伍沿江护行，船舰千艘，旌旗蔽日。随行人员包括后妃、王公、亲贵、文武百官以及负责警卫护从的一大批士兵。帝后妃嫔所乘御舟，以纤夫 3600 人，分做四班轮流拖拉。另外，因搬运帐篷、衣物、器具而动用的马匹达 6000 多匹，骡马车 400 辆，骆驼队 800 只，役夫过万。每到一处，不仅地方官要提供山珍海味，连食水都要从北京名泉运来。总之饮食服御，由他骄奢淫侈，尽情挥霍。

乾隆在承德建避暑山庄，并在其周围修筑寺庙群，仅装饰用鎏金铜瓦，就耗去黄金 2 万两。又他为皇太后举办寿筵，60 岁时第一次，70 岁时第二次，消费之大，史无前例。其中单以祝寿为名，花费了 15 年的时间，耗银 450 万两，修筑了清漪园，即今日颐和园，然后又费巨资，扩建了圆明园。他的豪华生活，影响整个社会，达官贵人，竞相奢靡。国库由丰盈转空虚，国势由盛走向衰落。特别到了晚年，他用佞臣和珅。这个人取得了乾隆信任，逐渐从侍卫升至大学士，又让儿子娶了公主，遂与乾隆攀成亲家。乾隆年老体衰，和珅从旁代劳。继而利用权力，尽情搜刮财富，成为清代最大一名贪官。

乾隆做了 60 年皇帝后，把皇位传给十五子嘉庆，又做了 4 年太上皇，至 89 岁才病死。不过，他传给儿子的江山，已是烽烟四起，白莲教在五省造反。

四、官逼民反，白莲教乱

清的所谓太平盛世，延至乾隆：一方面曾依赖文字狱的高度恐吓手段，另一方面全靠八旗军的四处军事镇压，才能够一直维持下来。从歌颂帝王的正史着眼，那类事件不是避而不谈，就是尽量轻轻一笔带过。

其实，乾隆登位不久，叛乱已经开始。公元 1740 年，苗民在广东及湖南造反。清廷派兵遣将围剿，先后一年，然后平息。1747年，大小金川藏族叛乱。史载"劳师二载，耗费千万"，总算降服。之后又有乌什回民叛乱，攻乌什城，杀官占署，坚守了6个月才被清军打败。然而，这些大小叛乱都是少数民族，起因于官吏的贪淫暴政。

与此同时，中原的百姓也经常酝酿造反。声势最大、时间最长的就是白莲教徒起义。他们造反的地区曾遍及6省，转战山川，攻打城镇，前后历时长达9年。

白莲教是民间秘密宗教结社。据说，源于东晋，唐宋以来，又与明教、佛教、道教混合，教众崇拜各种鬼神，都是"无生老母"的儿女。倡入教以后，同享受钱财。它不仅以宗教的言语去谴责不平等的罪恶现实，宣传平等和互助的思想，提出"穿衣吃饭，不分你我"、"有患相助，有难相死"等内容。同时指出，黑暗将过去，黎明必到来。因此，在流传过程中，常被受压迫的群众利用来作为聚众反抗的各种秘密结社，亦常被统治者禁止。

清朝从一开始，早在顺治三年，就已下令要取缔白莲教。在其后100年中亦多次镇压白莲教及其同类支派活动。因时地不同，名称曾有别。如无为教、闻香教、清水教、八卦教、天理教、天地会等，都同是白莲教分支。

其中，公元1774年，白莲教支派清水教首领王伦与僧人樊伟及卖艺人乌三娘在山东率领男女教众达数千人举旗造反。连破三城，后被围剿。王伦等经两月奋战而死。继而，1786年，台湾天地会林文爽亦曾率众造反，长达两年才被镇压。1793年，白莲教在四川、陕西、湖北、河南等地造反，首领刘之协、齐林等人遭擒杀。齐林之妻，名王聪儿，称齐王氏，率众继续。两年后发展至10多万人。一度编成八路人马，与清军进行游击战。王聪儿的队伍于1798年在湖北被围困，激战后跳崖死，时年22岁。另外，还有罗其清、王三槐、冷天禄、刘之协、徐天德、樊人杰等继续在各地与清兵分头对抗，直至1804年，即嘉庆九年，各主力才相继失败，余部再次散入民间。

公元 1813 年，又有支派八卦教李文成在河南、天理教林清在北京造反。林清曾攻打紫禁城，甚至曾攻入东华门及西华门，然后败死。嘉庆也要逃走。

即使是在清朝盛世，各种内乱也常此伏彼起。

五、鸦片为害，敲响丧钟

鸦片，曾令一部分中国人软弱沉沦，亦使一部分中国人猛然觉醒。它要求一个民族必须做出选择：今后是要面对世界，变化求存；抑或从此醉生梦死，抱残守缺！

在清朝仍算盛世期间，英国人运来了鸦片。中国人竟自甘堕落，越是上层，越快上瘾；越成时髦，越更为害。因为除了消费，还会伤身；一旦垮了体能，人亦丧志。然后，鸦片以外，就全不在乎了。这就必然进入积弱期。

鸦片原产自印度，由英人走私进来。最初用做医药，后来成兴奋膏。19 世纪开始数量大增，由几千箱增至二三万箱。清廷曾经多次采取禁烟措施但都无效。社会上连与达官贵人有关的下层属从，甚至太监、衙差、轿夫、兵士、僧尼、道士等人都有不少吸食鸦片。

道光朝臣之中，对于应否禁止鸦片，竟然分为两派。1838 年道光皇帝派遣主禁派林则徐为钦差大臣到广州全权执行禁烟。1839 年 6 月，林则徐将缴获的鸦片在虎门海滩当众烧毁，并准民众及外国人观看。据称，合烧去 20283 箱又 2000 多麻袋，共计 290 万斤。

英国人当然不甘心损失，随后半年，曾派两艘军舰多次挑拨，均被打退，未起威胁。1840 年 1 月，道光命令在广州封港，正式停止中英贸易。同年 6 月英军增援，战舰开抵广东海面，几度进攻，未能得逞。7 月英军北犯厦门，亦被击退。8 月沿海北上，英军攻占海定。继而威胁天津，向清廷递照会。道光朝内主和派占上风，一面遣琦善去议和，一面遣奕山去广州。与此同时，革除钦差大臣林则徐及厦门提督邓廷桢的职位，并发配至新疆。

1841 年，琦善与英签订《穿鼻草约》，同意赔偿烟价 600 万两，恢复广州商务，割让香港等项条款。不过，道光不同意割地兼赔款。英军遂从长江驱舰迫南京。清廷另派耆英进行议和。1842 年双方签订《南京条约》，清廷除重申割让香港外，增加赔款，开放五个口岸（广州、厦门、福州、宁波、上海）通商，放弃关税及领事裁判权，给予英国最惠国待遇。这是中国签订不平等条约的开端。

但是，由鸦片引致的纠纷并未就此罢休。从 1856 年至 1860 年，英国配合法国、俄国再以军舰迫中国签订《中英北京条约》，主要内容包括清廷把九龙割让给英国。另外还有《中法北京条约》、《中俄北京条约》。自此，外国列强洞悉清廷软弱，不平等的条约遂接二连三。

第 33 章　晚清与列强（下半段）

一、天京事变，天国梦碎

　　清朝由表面风光转变为任由列强瓜割，于太平天国的骤兴与骤亡是一道分水岭。这段关键的转折期可从两方面去探讨：一方面是，太平天国的出现和建立，无疑曾给当时的政局带来一个新方向；因为这支新生力量，标志着未来国运的改变。另一方面是，清廷不惜起用汉人地方团练及外国列强洋枪洋舰对付太平军，从而换取其统治的延续，亦同时尽暴露它本身的无能。而事实上，历史的发展是，太平军内部出现了"天京事变"，那是太平天国建都南京后发生的一次上层权力斗争，导致诸王或死或离，大大削减了它的精锐；与此同时，清廷放弃依赖原八旗的满清武装部队，用汉绅曾国藩、李鸿章组汉兵，借助外国洋人大炮，最终把太平军镇压消灭。不过，亦因这样，让外国列强洞悉清朝的衰弱。各国接踵而来，都要分一杯羹。满清统治的晚期遂每况愈下，太平天国的理想亦顿化烟云。

　　太平军之乱开始于洪秀全在广西聚众反清。

　　洪秀全自称是上帝的第二子，基督耶稣之弟。他本是一名读书人，因屡考试落第，无希望于功名，在广州偶遇一传教士获赠一传道小册，遂以基督教的教义创上帝会，宣扬平等，并且借此号召农民，于 1851 年 1 月在广西金田村举旗造反。建号太平天国，洪秀全称天王。以"有田同耕，有饭同吃"及首次提倡"男女平等"的理想为口号。投奔者众，声势壮大，9 月攻克州城永安。洪秀全随即封杨秀清为东王，萧朝贵为西王，冯云山为南王，韦昌辉为北王，石达开为翼王，又诸王归东王节制。太平军在永安守了半年，后因清军来剿，于是突围北上。在进军湖南、湖北时，南王冯云山、西王萧朝贵相继阵亡。不过，两年之后，太平军打下了武汉三镇，随即沿江东下，3月占据南京，以此定都，取名天京。队伍发展到百万众，唯是其军政大权，却掌握在东王杨秀清的手上，他并时常以上帝附身为借口，与洪秀全展开了权力的暗争。

1856年秋，终于发生内讧。其结果是，东王杨秀清被北王韦昌辉突袭而死亡。翼王石达开带兵入天京杀韦昌辉，后因天王对他起疑，遂又带兵私下离去。其间两次屠杀，牵连所部尽诛。历史上称"天京事变"。

随后，石达开曾辗转西南，漫无目的，亦终为清军所消灭。又太平军于定都南京后曾派两支大军北上，企图直捣北京，但都没有成功。相反，清政府遣曾国藩、李鸿章、左宗棠等率大军，同时，取得英、法、美的枪炮步队协助，水陆并进，展开反击。于是，天王再封一批新王，以英王陈玉成、忠王李秀成等，领兵对抗，死守天京。

1864年6月，洪秀全病死。7月天京失陷，幼天王亦被杀。陈玉成早已战死了，李秀成投降后亦死。其余部众分散各地，又持续战斗了4年。至1868年，才分别被击破，太平军遂告亡。太平天国之梦破灭。

若从造反队伍的角度看，由"天京事变"而引致自相残杀，是太平军从胜转败的关键。汉人曾以复明的旗号反清，太平天国借助宗教壮大自身，都以灭清为目的。如果成功了，无论什么政权，亦应士气大振，有一番新象。

二、祺祥政变，慈禧掌权

清朝下半段的媚外政治，即是从围剿太平天国起，至昙花一现的百日维新，完全掌握在西太后手上。

西太后就是慈禧，她是满族正黄旗人，本姓叶赫那拉，是清咸丰皇帝的妃，她为咸丰诞下唯一的儿子。1861年，咸丰帝死，她的儿子载淳接位，于是，她遂被尊为皇太后。由于咸丰原有皇后，因此曾分东宫西宫，后称东太后西太后。咸丰在临死之前，遗诏八大臣辅政。同时，他担心慈禧会弄权，曾留下密诏给皇后，若然出现这种情况，可与八大臣共诛之。但慈禧更厉害，她与恭亲王（咸丰弟）合谋，说服皇后烧去遗诏，东西二后同帘听政，并且加封恭亲王为议政王，继而把八大臣或处斩或罢官。载淳本来于7月时被宣布接帝位，定号祺祥，还未登基，就出现皇室与朝臣间的权力斗争，史称祺祥政变，慈禧掌了实权。10月载淳即位，改年号为同治。他当时才6岁。

慈禧

咸丰时，太平军乱。因满清八旗军不能够抵挡，因而扶植了曾国藩组湘军，命他围剿太平天国。战争10年，仍未奏效。慈禧掌权后同意借外国兵力，以洋舰洋炮合力陷南京。继而剿灭捻军、回民、苗民等乱。

同治没有真正实际地掌政便病亡。他没有儿子，皇后也自尽了。慈禧收其妹之子载湉为养子接位，年号光绪，不过4岁。所以慈禧仍以皇太后的名义掌权，再度垂帘听政，这是第二次。她开始用李鸿章等人的建议，赶学洋务，西化海军。她命佞臣在颐和园建了艘不沉的石船，并派袁世凯去训练新军及编整洋枪队，与此同时，授权李鸿章主总理衙门管外交，还与外国签订一连串不平等条约。

1889年，光绪在被容许试政期间，用康有为及六君子等人的建议，宣布变法，改革政务。而且，计划策动在政变行动时杀掌兵者荣禄并诛除慈禧。光绪密诏袁世凯来参加，冀望洋枪队能挡八旗军。岂料袁世凯向荣禄告密，六君子被捕杀，康有为逃日本，史称"戊戌政变"又或"百日维新"，因变法只施行了100日。从此，光绪被囚于后宫，慈禧又回到前台，再垂帘听政，已是第三次。她掌握清朝的政治前后长达50年，把两位皇帝与满汉朝臣玩弄在股掌间，不惜以土地和国库来延续清廷的统治。

三、签约赔款，任人宰割

经过两次鸦片战争及助剿太平军后，外国列强完全洞悉清廷的无能与软弱。于是，步着英国后尘，俄侵伊犁，日据台湾，英国把缅甸（中国清时藩属）并入印度版图。然后，法国把越南（中国清时藩属）霸占为殖民地。本来刘永福领黑旗军先后两次在中越边境内外打败法军，但清廷还是同意签订了不平等条约，败与赢竟毫不相干。

继而，日本侵朝鲜（中国清时藩属）要中国别插手。无奈朝鲜请援，中日发生海战，中国舰队大败。双方议和，签署《马关条约》。中国同意朝鲜自主，同时割让辽东半岛、台湾、澎湖给日本，赔款2万万两，并开放苏州、杭州、沙州、重庆等口岸，任其自由通商及设厂。

日本向清廷取得的好处，惹得其他列强心痒眼红。于是，新一轮侵占中国沿海各口岸的逆潮又展开。俄国取得旅大；德国占胶州湾；英国占威海；法国占广州湾。这还认为不够，又划势力范围。自此，法国声言它有西南地域（包括云南、广东、广西、海南岛及中越边境）；英国取得长江流域；德国据有山东、黄河一带；俄国称霸东北及长城以北。日本又宣布拥有福建。这无疑是一幅要瓜分中国土地及资源的摊账图。然后，美国也就来了，发觉已迟一步。而且，实在是无从入手了。于是，就提出了门户开放政策，要清廷让各国自由通商。一方面是延缓列强瓜分局面，另一方面是好让各国利益均等。

当然，清廷也非无动于衷，亦曾寻求变法与自强。在上海设厂制枪；在福州设局造船；同治十一年终于派遣第一批公费留学生出国；在北京设同文馆教外语；光绪七年，开始建铁路，先从唐山起。同时，购置炮舰，编练水师，有北洋舰队及福建舰队。但又不堪一击。北洋舰队灭于中日战争；福建舰队毁于中法战争。虽壮烈，但败了。中国人说，冰冻三尺非一日之寒，清廷庸弱实长期积弊。任由宰割，签约赔款，又岂是办法？谁都知道，平时不烧香，临时抱佛脚，能够灵验的实在是少之又少。接着，更愚蠢更血腥的事件快要发生了，由排外而涌现的拳乱将漫延东北，杀教士、烧教堂，史称义和拳乱，或谓八国犯京，就更把清廷的昏庸懦弱、出尔反尔再次暴露无遗。

四、义和拳乱，八国犯京

义和拳与大刀会等民间秘密组织，于 19 世纪末活跃在直隶、山东一带。彼此合并，称义和团；各自设坛，互不统属。他们常以演练拳棒及持诵咒语来吸收成员鼓励斗志，宣扬降神附体，可以刀枪不伤，最初是对抗各地的天主教会与教友搞囤积居奇活动。当时外来教会，串同强豪劣绅，与农民及手工业者常有矛盾。双方屡有冲突，并发生教案。较著名的前有天津教案，近有巨野教案，其间农民焚教堂杀教士，又被清廷围剿，是突发的局部骚乱。

到公元 1899 年春，德军借口沂州教案派兵占据日照县城。清廷往剿巡抚无法控制局面，想到利用义和团民对付德军。与此同时，慈禧太后欲另立大阿哥接替光绪皇帝，因各国使馆不同意，事情一直迟疑未决；大阿哥的父亲载漪亲王遂认为可以借义和团的力量来与那些使馆抗衡。终于取得慈禧同意，于是 1900 年从 3 月起义和团员进驻北京、天津两地，打起"扶清灭洋"旗号。朝内反对派被监视，到处发生焚教堂事件。6 月，八国（英、俄、美、法、德、意、日、奥）以要保护使馆为名联合进军北京。英军将官西摩率八国军 2000 人打前锋，在廊坊遭义和团与清军合力击溃，退向天津。八国遂派军舰 10 多艘破大沽炮台，合围天津，联兵 4 万压向北京。团民沿路群起对抗；刀棒对炮，情况惨烈。6 月 21 日，清廷在急忙中下谕宣战。4 日之后又暗中传谕李鸿章接头议和。所以，6 月

这是《圆明园旧迹图》中收集的被毁之前的圆明园养雀笼照片。

圆明园西洋楼残迹。   程至善摄

26 日，李鸿章在江南，与英、美、日、德发布"东南互保"的章程，指宣战是"矫谕"，联外力杀义和团员。

7 月中旬，天津失陷；8 月联军进兵北京。双方激战 10 日，紫禁城被攻破。慈禧挟光绪等从颐和园遁居庸关，西逃经山西去陕西，中途发电各地剿义和团，命李鸿章进行议和。一方面是八国联军在北京城烧杀抢掠，尽夺珍宝，肆意横行。另一方面是义和团员被联军与清兵搜杀，牺牲多人。联军屠掠 3 日，然后稍作收敛。10 月，八国协定暂不瓜分中国，主张各按现状巩固地盘，共管新的未来权益。那就是 1901 年所立的《辛丑条约》。清廷惩办有关官员，派使到各国去谢罪。主要内容还要中国赔款四亿五千万两；把北京东交民巷拨做属外人的领馆区，并由该处至大沽的沿路允许外国派军驻守，拆毁渤海一带所有炮台，不准成立有排外的组织，无论官民，违者处斩。总之，它是《南京条约》、《马关条约》后又一不平等条约。

然而，义和团的反抗活动并未停止。他们举起"扫清灭洋"的旗帜，继续战斗，攻县镇，烧教堂。当年最著名的义和团首领分别有朱红灯、本明和尚、张德成及曹福田等，均在不同的战斗中先后身亡或被捕杀。另有女子队伍，年轻的叫"红灯照"，年老的叫"黑灯照"、"青灯照"、"蓝灯照"，除了协助救伤，到处奔走宣传，亦都参加战斗。总之义和团的队伍，虽经清廷屡次围剿，仍有不少分散潜伏，参加别的反清行列。一场要推翻帝制的革命正在酝酿，从国内到国外，从百姓到华侨，凝聚力量。

五、辛亥革命，帝制结束

清廷腐败无能，议和时丧权辱国，不仅使一般民众义愤填膺，更令革命者坚定决心要推翻它的统治。

自从戊戌政变失败，改良派更走向保守。曾到日本及欧美留学的知识分子，接触新的政治思潮，开始向往共和制，纷纷积极在国内国外奔走宣传革命。其中，最突出者是广东人孙中山。他在美国檀香山组织同盟会，然后又在香港成立分会，继而把它发展到日本南洋。

1905年8月，兴中会联合华兴会、光复会等其他反清革命团体，在日本东京组成中国同盟会，以"驱除鞑虏，恢复中华，创立民国，平均地权"为纲领，亦即孙中山提出的"民族、民权、民生"三民主义，积极在中国各省和海外华侨中发展力量，并领导和发动武装起义。从1906年开始先后发动萍浏醴起义、潮州黄冈起义、惠州七女湖起义、钦廉防城起义、镇南关起义、钦廉上思起义、云南河口起义、广州新军起义和黄花岗起义，但均失败。另外，1908年11月慈禧太后及光绪皇帝相继于同日死去。清朝皇室立醇亲王载沣（光绪之弟）的3岁幼儿溥仪接帝位，年号宣统，光绪皇后隆裕被尊为皇太后，垂帘听政。并由载沣监国称摄政王，企图支撑残局，继续苟且偷安。

一方面是改良派在康有为及梁启超的策划之下，在中国各省内设立筹备立宪机构；另一方面是革命派在孙中山与黄兴等领导下，在南方秘密发动一次又一次起义。

1911年10月10日，在武昌的起义成功，并成立湖北军政府；就因当时是旧历辛亥年，所以史称"辛亥革命"。随即全国各省响应，两个月内计有鄂、湘、陕、赣、晋、滇、黔、苏、浙、桂、皖、粤、闽、川等省宣布独立。清朝统治迅速瓦解；革命队伍已决定废除帝制及筹组共和。

同年12月初，孙中山由海外返回中国。29日在17省代表会议中被推举为临时大总统，并于1912年1

革命先行者孙中山先生（1866 — 1925）

月 1 日在南京成立了中华民国临时政府，意图走向共和。2 月 12 日，垂帘听政的隆裕太后（即是光绪皇后）终于代表 6 岁的清朝宣统皇帝溥仪退位，正式给帝制画上休止符。这不但是帝制史第三次大循环走到尽头，也同时是，中国从秦始皇开始相传了 2100 多年的皇帝制度的终点。

附录 1：中国历史年表

中国五千年历史年表

神话与传说

	人 物	传 说	特 色
神话与传说	盘古	他由混沌中生，分开天地，他死后其肢体化成了天地万物和人类。	中国式的开天辟地神话
	三皇	（另说：天皇、地皇、人皇）	原始部落时期首领。伏羲以蛇作为图腾，后渐衍化为龙。
	燧火氏	主要教人钻木取火	
	神农氏	主要教人垦地耕种	
	伏羲氏	主要教人绘图记事，曾创八卦	
	五帝	（又称"黄帝皇朝"曾传七帝）	黄帝所率部落聚居在黄河中下游，先后战胜上游炎帝及南面的蚩尤，开始华族。
	黄帝	中国人的祖先，又名轩辕，姓姬	
	颛顼	黄帝之孙，传说中第三任皇帝	
	帝喾	黄帝曾孙，传说中第四任皇帝	
	唐尧	黄帝后裔，选贤继位，史称禅让	
	虞舜	以孝名闻天下，效尧禅让给禹	

上古史

	朝 代	都 城	年 代	特 色
上古史	夏约四百年	安邑（山西运城）	公元前 2183－前 1752 年	家天下的开端
	商约六百年	殷（河南安阳）	公元前 1751－前 1111 年	奴隶制的高峰
	周约八百年		公元前 1111－前 256 年	宗法制的确立
	西周	镐京（陕西西安）	公元前 1111－前 771 年	封藩建卫
	东周	洛邑（河南洛阳）	公元前 771－前 256 年	（宗主失势）
	春秋（五霸）		公元前 770－前 476 年	秦国于公元前 256 年灭周
	战国（七雄）		公元前 475－前 221 年	

帝制史（第一循环）

<table>
<tr><th></th><th>朝　代</th><th>都　　城</th><th>年　　代</th><th>特　　色</th></tr>
<tr><td rowspan="21">帝制史（第一循环）</td><td>秦（嬴）</td><td>咸阳</td><td>公元前 221—前 207 年</td><td>短强的朝代（筑万里长城）</td></tr>
<tr><td>汉（刘）
西汉</td><td>长安（今西安）</td><td>公元前 206—公元 8 年</td><td rowspan="2">长盛的朝代
（最后因黄巾造反被拖垮）</td></tr>
<tr><td>东汉</td><td>洛阳</td><td>公元 25—220 年</td></tr>
<tr><td>三国</td><td></td><td>（公元 220—280 年）</td><td rowspan="4">短的纷乱期（约 60 年）</td></tr>
<tr><td>魏（曹）</td><td>许昌（在河南）</td><td>公元 220—265 年</td></tr>
<tr><td>蜀（刘）</td><td>成都（在四川）</td><td>公元 221—263 年</td></tr>
<tr><td>吴（孙）</td><td>建业（今南京）</td><td>公元 229—280 年</td></tr>
<tr><td>晋（司马）</td><td></td><td>（公元 265—420 年）</td><td rowspan="4">积弱期
（清谈避世）
后为北魏所灭</td></tr>
<tr><td>西晋</td><td>洛阳</td><td>公元 265—316 年</td></tr>
<tr><td>东晋</td><td>建康（今南京）</td><td>公元 317—420 年</td></tr>
<tr><td>（十六国）①</td><td>（分布在北方）</td><td>（公元 305—439 年）</td></tr>
<tr><td>南朝</td><td>（建朝在南方）</td><td>（公元 420—589 年）</td><td rowspan="10">积弱期
（轮番改朝）
陈为隋所灭
（轮番改朝）
后为北周统一</td></tr>
<tr><td>宋（刘）</td><td>建康（今南京）</td><td>公元 420—479 年</td></tr>
<tr><td>齐（萧）</td><td>建康（今南京）</td><td>公元 479—502 年</td></tr>
<tr><td>梁（萧）</td><td>建康（今南京）</td><td>公元 502—557 年</td></tr>
<tr><td>陈（陈）</td><td>建康（今南京）</td><td>公元 557—589 年</td></tr>
<tr><td>北朝</td><td>（建朝在北方）</td><td>（公元 386—581 年）</td></tr>
<tr><td>北魏（拓跋）</td><td>洛阳</td><td>公元 386—534 年</td></tr>
<tr><td>东魏（元）</td><td>邺城（河北磁县）</td><td>公元 534—550 年</td></tr>
<tr><td>西魏（元）</td><td>长安（今西安）</td><td>公元 535—556 年</td></tr>
<tr><td>北齐（高）</td><td>邺城（河北磁县）</td><td>公元 550—577 年</td></tr>
<tr><td></td><td>北周（宇文）</td><td>长安（今西安）</td><td>公元 534—581 年</td><td></td></tr>
</table>

①十六国（东晋五胡乱华时期）

朝　代	都　城	年　代	特　色
汉又改称前赵	平阳（山西临汾）后迁长安（今西安）	公元 304－329 年	匈奴，姓刘（316 年灭西晋）
成又改称成汉	成都（四川成都）	公元 304－347 年	巴族，姓李，非属五胡
前凉	姑臧（甘肃武威县）	公元 317－376 年	汉，姓张
后赵	襄国（河北邢台县）	公元 319－351 年	羯族，姓石
前燕	龙城（辽宁朝阳县）	公元 337－370 年	鲜卑，姓慕容
前秦	长安（今西安）	公元 351－394 年	氐族，姓苻
后燕	中山（河北定县）	公元 384－407 年	鲜卑，姓慕容
后凉	姑臧（甘肃武威县）	公元 386－403 年	氐族，姓吕
后秦	北地（陕西富平县）	公元 384－417 年	羌族，姓姚
大夏	统万（陕西横西县）	公元 407－431 年	匈奴，姓赫连
西秦	金城（甘肃兰州）	公元 385－431 年	鲜卑，姓伏乞
南凉	西平（青海西宁）	公元 397－414 年	鲜卑，姓秃发
南燕	滑台（河南滑县）	公元 398－410 年	鲜卑，姓慕容
北燕	龙城（辽宁朝阳县）	公元 407－436 年	汉，姓冯
北凉	张掖（甘肃）	公元 397－439 年	汉，姓段
西凉	敦煌、又迁酒泉	公元 400－421 年	汉，姓李
（代国）	平城（山西大同）	公元 315－376 年	鲜卑，姓拓跋
（西燕）	长子（山西长子县）	公元 384－394 年	鲜卑，姓慕容
（冉魏）	邺城（河北磁县）	公元 349－352 年	汉，姓冉

左侧竖排标题：十六国

帝制史（第二循环）

朝　代	都　城	年　代	特　色
隋（杨）	长安（今西安）	公元 581—618 年	短强的朝代（开凿大运河）
唐（李）	长安（今西安）	公元 618—907 年	长盛的朝代（最后因黄巢造反被拖垮）
五代		公元 907—960 年	短的纷乱期 （约 50 年） 后为北宋所灭
后梁（朱）	开封	公元 907—923 年	
后唐（李）	洛京（今洛阳）	公元 923—936 年	
后晋（石）	开封	公元 936—946 年	
后汉（刘）	开封	公元 947—950 年	
后周（郭）	开封	公元 951—960 年	
（十国）②	（分布在西南）	（公元 304—439 年）	
北宋（赵）	汴梁（今开封）	公元 960—1127 年	积弱期 （重文轻武）
辽（契丹）	临潢府（热河）	公元 916—1125 年	
西夏（党项）	兴庆（今银川）	公元 1038—1227 年	
南宋（赵）	临安（今杭州）	公元 1127—1279 年	积弱期 （偏安纳贡）
金（完颜）	会宁（今阿城）	公元 1115—1234 年	

(左侧竖排：帝制史第二循环)

②十国（五代时期，以建国先后为序）

朝　代	都　城	年　代	特　色
吴（杨）	扬州	公元 902—937 年	
前蜀（王）	成都	公元 907—925 年	
南平（高）	荆州	公元 907—963 年	又称"荆南"
吴越（钱）	钱塘	公元 907—978 年	
闽（王）	福州	公元 909—945 年	
南汉（刘）	广州	公元 917—971 年	
楚（马）	长沙	公元 927—951 年	
后蜀（孟）	成都	公元 934—965 年	
南唐（李）	金陵（今南京）	公元 937—975 年	
北汉（刘）	太原	公元 951—979 年	

(左侧竖排：十国)

帝制史（第三循环）

朝　代	都　城	年　代	特　色
元（蒙古，字儿只斤）	大都（今北京）	公元 1271－1368 年	短强的朝代（曾三次西征，西方史称"黄祸"）
明（朱）	应天（今南京） 北京（从明成祖起迁都）	公元 1368－1644 年	长盛的朝代（最后因闯王造反被拖垮）
（南明、三藩）		公元 1644－1683 年	短的纷乱期（约四十年）
福王	应天（今南京）	公元 1644 年 5 月	
唐王	福州	公元 1644－1645 年	
桂王	肇庆、昆明	公元 1645－1662 年	
周（吴）	衡州（今衡阳）	公元 1673－1679 年	
郑（郑）	台南（台湾）	公元 1661－1683 年	
清（满族，爱新觉罗）	北京	公元 1644－1861 年	积弱期（内乱与镇压）至东西二后掌权
晚清（慈禧听政）	北京	公元 1862－1912 年	积弱期（外患与赔款）至溥仪让位

（左侧纵向：帝制史第三循环）

现代史

朝　代	都　城	年　代	特　色
中华民国	最初建都南京	公元 1912 年至今	仿效西方共和政制
军阀时期	（北京）	（1912－1926）	
北伐以后	（南京）	（1927－1937）	
抗日时期	（重庆）	（1937－1945）	
国共内战	（南京）	（1945－1949）	
退处台湾	（台北）	（从 1949 年起）	
中华人民共和国	北京	公元 1949 年至今	实行社会主义

（左侧纵向：现代史）

（左侧竖排：中国历史简明读本）

代跋：我为什么要写这一本书？

一、心存轮廓，永记不忘

中国人的历史，至少有五千年。

要完全通晓它，都说谈何容易。

但是，研究中国历史也如研究世间所有事物一样，说易则易，说难则难。这就好像我们谈到一个人的一生，可以将它写成一本厚书，也能去芜存菁，甚至三言两语概括交代。因此，概括，也就显然是必要了。

只是，如何把一个民族的五千年历史精简浓缩到令人"心有轮廓"而又"永记不忘"，还需涉及一些窍门。

窍门是法，方法。

这本书要强调的也就是这些。它力求能够助人去通晓中国历史，并且还希望他们容易地记得中国历史。

五千年是一个时间数字。

中国人是众多民族。

历史是讲过程。

二、五千多年，这样划分

过程不外是发展的纪录。

历史又总将它划分先后。

从任何一个民族的发展过程来说，总是先有神话，然后才有帝王；继而，总是先有专制，然后才有民主。

西方如此，东方亦是。

中国一样。

中国人的神话中有一个盘古，开天辟地，化成万物；于是，才有人兽，才有风雷雨电、山川水木。正如西方人信仰中的耶和华那样，最后，创造宇宙，创造人类。

中国人的五千年历史有一半属于神话及封建帝王式统治。这两千五百年的发展过程一般被划为上古史。

接下来的两千一百年被称作帝制史。基本上由中国秦代自称第一个皇帝起，至清代最后一个皇帝退位止。

所谓民主共和时代，是推翻帝制后展开。

这是全部发展过程，也是三段历史分期。

三、三段分期，三个概念

因有三段历史分期，基于需要，用了三个不同概念，来解释及协助大家记忆它里面的有关历史。

第一个概念是"基数"。

所谓"基数"是指数字中的单数，也即"一、三、五、七、九……"这些数字的次序性。

因为它可以助大家记住"中国上古史"。

第二个概念是"循环"。

所谓"循环"是指周而复始的运作，也即"四季轮流，生息交替"又或"久分则合，久合则分"的规律性。

因为它可以助大家记住"中国帝制史"。

第三个概念是"对立"。

所谓"对立"是指物之两极的争衡，也即"新与旧、内与外"又或"左与右、破与立"的对抗性。

这三个概念概括了中国历史的发展过程。

四、不是专家，曾是学生

让我首先在此直言：我并不是一位历史学家。

然而我也应该介绍：我曾经是一个历史学生。

我年青时在美国大学内本来是研习中国历史的；我曾拿了学士，又曾拿了硕士。不过后来我改了行。

所以，对于中国历史，我不是门外汉。

我现时准备给大家提供的这些快捷有用的记忆方法，是我自己当年从繁琐的课程研习中归纳出来的。

它也不是什么奇门秘籍。

不过它的确是相当有用。

试想中国历史有五千年，其间，多少朝代兴亡，多少人物涌现，多少事件的因果纠缠又前后交葛；多少帝王将相，多少褒贬议评，多少前人的真假纪录或反覆推论；不但典籍浩繁，而且观点迥异，几近令人无所适从。

我的方法就是去芜存菁。

能简单，就简单。

五、辅助工具，易明易读

然而，这种简单是经过精心选择的。

至少，它保持了整个中国历史轮廓。

无论如何，我必须在这里再次说明，这是一本教人如何记忆中国历史的书，它不算是一本历史学的论著。

我之所以把它发表，主要原因其实有二：一是，从个人接触中，一般人对中国历史望而生畏，说到朝代，说到年份，很多时候都是一塌糊涂，次序颠三倒四。二是，家人后代大部分都已经是美国土生了，对于中国历史文化一环，更是望门却步，遑论产生兴趣。

因此，要给读者提供一些清晰构图，使人在阅读后，留下相关印象，譬如，由概念而泛起轮廓，由次序而产生轨迹，务求易读易明易记，也就是作者的愿望。

最后，寄语学者专家不要苛求，因为它不强调个中所涉及的学术。它充其量算是一本辅导的工具书。

但愿它能发挥作用。

陈天璇，写于美国宾州松石居